오늘부터
웃으며 거절할게요

不懂拒绝,你就注定吃亏一辈子
by Zhou Weili

오늘부터
웃으며 거절할게요

저우웨이리 지음 | **고보혜** 옮김

상처 주지 않고
상처 받지 않는
거절의 기술

이터

목차

거절할 줄 알면
더 행복해진다

●   호세는 워싱턴주립대학에서 만난 제자다. 얼마 전 그는 마침내 괜찮은 일자리를 구했다고 이메일로 알려왔다. 하지만 동시에 고민도 털어놨다.

"주변 사람들이 저를 보며 참 친절한 성격이라고 칭찬해줄 때마다 자랑스러웠어요. 그런데 이상하게 점점 더 힘들어지더라고요. 전 저 자신을 잃어버렸어요. 남을 위해서만 살고 정작 내가 필요한 것은 한마디도 말 못하는 불쌍한 인간이 되어버렸어요. 이제라도 제 공간을 되찾아야겠다는 생각이 들지만 말할 수가 없게 되었어요. 행동으로 옮길 수도 없고요!"

실은 아주 흔하게 부딪히는 문제다. 사람들은 실제로 다른 사람의 요청을 거부하지 못하는 상황에 자주 맞닥뜨린다. 분명 불합리한 요구라는 것도 알고 스스로 원하지 않으면서도 저도 모르게 승낙해버린다. 제때 거절하지 못하고는 관계에 금이 갈까 봐 걱정하며 벌벌 떤다. '거절했다가 손해라도 보면 어쩌지?'

이런 걱정은 머릿속에서 점점 더 커지면서 온갖 잡다한 걱정으로 이어진다. '무슨 일이 있어도 승낙해야 해', '거절하면 무슨 일이 생길지 두려워', '실망시키고 싶지 않아' 등등. 이렇게 우리의 자유 의지는 파괴되고 원래 내 감정은 서서히 잃어버리게 된다. 과감하게 내 관점을 표현하거나 정말 하고 싶은 일도 할 수 없게 된다. 결과적으로 삶의 만족이나 기쁨도, 일의 성취감도 점점 더 줄어들 것이다. 돌이켜 생각해보자.

1. '무슨 부탁이라도 다 들어주는' 좋은 사람인가? 또는 이 방면에 매우 뛰어나다고 생각하는가?
2. 타인의 부탁을 항상 더 우선 순위에 두고, 자기 일은 미루더라도 원망도 후회도 없이 남의 부탁을 들어주는가?
3. 어떤 일을 할 때 속으로는 불합리하다고 느끼고 원하지 않는데도, 다른 사람의 의견이나 명령을 듣는 데 익숙해졌거

나 그들의 생각에 무조건 복종하는가?

4. 상사의 눈에 소문난 '말 잘 듣는 부하'라서, 무슨 일을 시키
더라도 불평하지 않는가?

5. 평소 배우자와 갈등이 거의 없고 전적으로 배우자의 의견
을 따르기 때문에, 싸워본 적이 없는가?

만약 위 항목 중 하나라도 내 이야기 같다고 느낀다면, 당신은
'거절할 줄 모르는 사람'이 맞다. 게다가 당신은 내성적이며 자
존심이 무척 세거나 체면을 중시하는 사람일 것이다. 정말 하고
싶은 건 습관적으로 포기한 채 자신의 이익을 지키지 못하는 것
이다.

내 오랜 친구인 캘리포니아 주립대학의 드래그 교수는 심리
학 분야 전문가이자 기업 자문 역할로 오랫동안 일해왔다. 이 문
제에 대해 그는 이렇게 말했다.

"내성적인 성격 때문에 생긴 현상입니다. 이런 사람들은 일을
하면서 바로바로 솔직하게 자신의 생각을 밝히거나 자기가 받
아야 마땅한 이익을 취하지 못합니다. 내심 간절히 원하더라도
일을 지배하지 못합니다. 인간관계에서 마찬가지죠. 거절당할까
봐 두려워하고,, 언제라도 거절당하리라는 불안감에 시달립니

다. 그들은 어떤 관계라도 사소한 충돌 한 번만으로도 단절될 수 있다고 생각하죠. 그러니 속수무책으로 자신을 표현하지 못하게 됩니다. 스스로를 구석으로 몰아넣고 상처를 주지요."

그렇다면 만일 '뻔뻔'해지면 결과는 정말 '최악'이 될까? 아니다. 오히려 막다른 곳에서 길이 열리듯 더 긍정적인 잠재력이 솟아난다.

스스로 자유롭게 운용하는 시간은 일을 제대로 잘 하는 데에도 정말 중요하다. 이제 남이 시킨 일을 떠맡는 게 아니라 정말 중요하고 관심 있는 일에 집중할 수 있다. 동시에 남이 당신에게 명령하고 귀찮게 하는 기회는 줄어들 것이다. 당신이 뻔뻔하고 당당해지면 이번에는 타인이 당신 앞에서 더 수줍어하고 조심스러워할 테니까!

거절할 줄 아는 능력을 갖게 되면, 타인에게 끌려가는 사람이 아니라 문제를 똑바로 바라보는 지배자가 된다.

가장 중요한 것은 '거절하지 못하는' 자신을 이겨내는 것이다. 내성적인 성격에서 벗어나 의견을 과감히 표현하고, 독립적이고 자유로운 인격을 가져야 한다.

사실 결코 쉽지 않은 일이다. 모든 사람들이 관심을 받고 싶어 하고 자신의 무대에서 주인공이 되고 싶어 한다. 모든 사람은 명

예와 부를 얻고 싶어 하며 자신의 이상을 실현하여 가치를 드러내고자 한다. 하지만 우리가 거울에서 보는 것은 실패자의 낙심한 표정, 의지가 부족해서 완전히 그르친 모습, 거절하지 못하는 '좋은 사람'들이 구석에서 몰래 눈물을 흘리는 모습이다.

뻔뻔해지려면 반드시 자신의 자존심을 이기고 하고 싶은 말을 못하게 하는 장애물을 없애야 한다. 과거의 나 자신과 싸워야 하고 자기 생각을 말할 수 있어야 한다. 스스로를 억누르려는 힘과 맞서 싸워야 한다. 당신은 이제 더 명랑해지고 쾌활해지고 외향적이 되며 강해질 수 있다.

이 책은 '거절하지 못해서' 받은 피해에 대해 알려준다. 그리고 그런 태도가 우리 삶과 일에 어떤 부정적인 영향을 미쳤는지, 그 심리적 근원은 무엇이었는지, 그리고 어떻게 하면 몸 안에서 이 악순환을 없앨 수 있을지에 대해 잘 알려준다. 거절을 잘할 줄 알게 되면 너도 나도 더 행복해질 수 있다. 아닌 것에는 분명히 거절하고, 나 스스로 선택하고 주도하는 삶을 살아가는 성공적인 사람이 되는 비밀을 찾아보자.

1장

거절할 줄 모르는 당신:

'좋은 사람'은 왜 늘 상처받을까?

●

가슴에 손을 얹고 생각해보자.

당신은 언제나 상대방에게 맞장구 쳐주었고

거절할 줄은 전혀 몰랐다.

인간관계를 유지하고 남들과 더 잘 지내기 위해

무조건 상대방 의견을 따랐다.

하지만 마땅히 존중받기는커녕 오히려

웃음거리가 되고 비아냥을 들어야 했다.

'거절할 줄 몰라서' 오히려 더 큰 상처를 받고 있는 것이다.

거절할 줄 모르는
'좋은 사람'이라는 병

"저는 모든 사람에게 친절하려고 노력해요. 남이 부탁하면 거절해본 적이 없죠. 그런데 남들은 제가 그러는 걸 이젠 당연하게 생각해요."

"저는 언제나 최선을 다해 일해요. 노력한 만큼 존중받고 싶어요. 하지만 아무도 알아주지 않죠. 어떤 사람은 한도 끝도 없이 요구만 하는데도 인정받는데!"

좋다. 불만은 이제 그만. 지금부터 스스로를 돌아보자. 당신은 언제부터 '좋은 사람'이 되었나? 당신이 처음으로 '부당한 요구를 거절하지 못한 것'은 언제, 어디서였나? 그 대상은 누구였는가? 거절하지 못하면 부탁은 끝없이 이어질 수밖에 없다. 그 결과는 언제나 자책과 고통뿐이다.

이제 자신의 '좋은 사람 콤플렉스'가 과연 어느 정도인지 판단해보자. 언제 어디서나, 어떠한 상황에서도 타인의 요청을 거절하지 못하고 원칙 없이 덥석 받아들였나? 아니면 거절하기가 곤란해서 자신의 능력이 미치는 한도 내에서만 부탁을 들어주었나? 후자라면 당신의 '좋은 사람 지수'는 그리 높지 않다. 하지만 전자라면, 매우 심각하다.

실은 늘 승낙만 해온 탓에 이미 거절할 '자격'을 상실했다는 점이 가장 무섭다. 언제나 승낙만 해왔던 당신이 어느 날 거절을 한다면 오랫동안 쌓아온 '좋은 사람 이미지'는 한순간에 깨지고 말 것이다. 그래서 당신은 어쩔 수 없이 이런 상황이 가져오는 고통과 근심을 계속 지고 갈 수밖에 없다.

아마 처음에는 무조건 승낙하는 것이 자신에게도 도움이 된다고 굳게 믿었을 것이다. 다른 사람에게 호감을 주고 동료나 상사의 환심을 사면, 일상생활이나 직장에서 공격이나 충돌, 질투 등의 문제로 상처받는 것을 일단은 피할 수 있다. 인간관계를 유지하기도 더 쉬울 것이고 직위와 소득을 올리는 데도 더 나을 것 같다. 하지만 결과적으로 당신은 타인은 만족시켰지만 정작 자신은 행복과 기쁨을 느낄 수 없었다.

이제 당신의 행동이 얼마나 큰 피해를 가져왔는지 깨달았는가?

거절하지 못하면
일은 해도 해도 끝나지 않는다

●

대학을 졸업한 지 1년 된 ○○ 씨는 현재 한 회사에서 일하고 있다. 그는 장장 30분에 걸쳐 억울한 사연을 털어놓았다.

"신입사원으로서 어느 정도 감수해야 한다는 건 저도 알아요. 상사의 지시를 거역할 수 없다든지, 동료의 요청을 거절할 수 없다든지, 본업 외 잡다한 업무도 해야 한다는 것도요. 다 훗날을 위해 기초를 다지는 게 아니겠어요? 하지만 제 일은 도저히 다 할 수 없을 만큼 쌓여 있어서 매일 새벽까지 야근하는데, 다른 사람들은 한가롭게 잡담이나 하고 있다고요. 저는 이 상황을 도무지 이해할 수가 없어요."

그가 가장 알고 싶은 것은 언제쯤 이런 상황을 바꿀 수 있느냐는 것이다. 하지만 내가 그에게 알려줄 수 있는 것은 딱 하나뿐이다. '거절하지 못하는' 사고방식에서 벗어나 현재 업무 방식을 버리고 상사와 동료를 더 영리하게 대하지 않는다면, 현재 국면을 바꾸기는커녕 상황이 더욱 악화될 것이라는 점이다. 그러다가 결국 견디지 못하고 스스로 무너지고 말 것이다.

○○ 씨는 다른 신입사원과 마찬가지로 동료와 선배들에게 환심을 사고 싶었을 것이다. 상사와 동료 앞에서 성실히 일하는 모습을 보이며 업무 부담까지도 덜어주는 방법으로 환심을 사면, 쉽게 그들의 지지를 얻고 위치를 확실히 다질 수 있을 것이라고 생각했을 거다. 이런 생각은 근본적으로 문제가 있다. 바로 인간의 이기적인 면을 간과했다는 점에서다. 이미 그들은 당신의 희생에 익숙해졌고 '당신이 절대로 그들의 요청을 거절하지 못한다'라는 사실을 당연히 받아들이게 되었다. 이러한 관계가 계속된다면 당신이 그들의 요구를 따르기를 거부한 그 순간, 더는 환영받지 못하게 될 것이다.

시간과의 관계도 점점 더 힘들어질 것이다. 늘 시간이 부족해서 막상 자신의 업무는 뒤로 미루거나 결국 완수하지 못하기 일쑤다. 그런데 정작 남의 업무에는 긴 시간을 투자해서 타인의 요구사항을 다 받아주고 날짜도 척척 맞춰준다니! 이런 사람들은 늘 약속과 해야 할 일들 리스트가 꽉 차 있어서 자유롭게 지내는 건 꿈도 꿀 수 없다. 당연히 여가와 휴식을 즐길 시간도 없다. 상사를 대신해 업무를 처리하고 동료들의 요구를 들어주느라 시간에 쫓겨 다닐 뿐이다. 심지어 상대방이 요청했다는 이유 하나만으로 전혀 의미 없는 일까지도 거절하지 못하고 떠맡기도 한다.

이러한 상황에서는 무슨 일을 하든지 남의 눈치를 보게 된다. 마치 부모의 감시 속에 있는 아이처럼 종이와 연필을 들고 부모의 요구를 적어 내려간다. "아니요"라고 말할 권리 따위는 없다. 그러고는 이마를 찌푸린 채 억지로 해나간다.

엄청난 압박을 참고 견디며
희생해도 돌아오는 건 없다

●

또 다른 ○○ 씨는 능력이 남다른 직원이었다. 누군가 무엇을 부탁하기만 하면 무슨 일이든 적극적으로 나서서 했다. 때로 다른 부서의 일까지도 맡아서 했는데, 사장의 말 한마디나 전화 한 통에도 바로 업무에 돌입했다. 동료들 눈에 비친 그는 언제나 '열정맨'이었고, '봉사왕'이었다. 요청만 하면 다 들어주었고 절대 안 된다고 대답한 적이 없었다. 그렇다면 그는 행복할까?

"그 이야기라면 헛웃음만 나네요. 제가 이 회사에서 일한 지도 2년 반이 되었어요. 시시콜콜 따지기 좋아하는 사람은 이미 과장이 되고 누구는 부서장까지 되었는데, 저는 발바닥에 땀이 나도록 일해도 아직 주임이라고요. 비전이 없어요. 어떤 부탁이든 거절해본 적이 없어요. 집을 마련하거나 일자리 찾는 것까지 발 벗고 나서서 도와줬고 심지어 돈도 빌려줬어요. 하지만 정작 저는 여전히 변변치 못한 아파트에 세 들어 살고 있다고요"라며 ○○ 씨는 불만을 쏟아냈다. 그는 심각한 적자에 빠져 있었고 스스로도 '파산' 위기라는 걸 실감하고 있었다.

"왜 부당한 요구를 거절하지 못하죠? 곤란해서인가요?"

"그렇죠. 체면이 서지 않아 얼굴을 못 들겠어요. 남들이 저를 찾는 건 제가 들어줄 거라고 생각해서일 텐데, 거절하면 마음 상할 거 아녜요. 그렇게 생각하면 저도 마음이 좋지 않더라고요."

이 얼마나 치명적인 심리인가! 지나친 자존심 때문에 거절을 못하다니. 설령 상대방이 고의로 아무런 가치도 없는 일을 부탁해도 제대로 항의조차 못한다. 이렇게 되면 그의 세계는 온통 타인의 의지에 좌우되어, 생활과 일에 엄청난 압박을 받을 수밖에 없다. 결국 긴장과 피로라는 이중고에 시달리며 정작 자신은 아무 도움도 얻지 못한 채 방황하게 된다. 이런 상황까지 치달으면 시간과 자원은 모두 소진되지만 압박은 사라지지 않는다. 그 압박을 피하기 위해 그저 남은 시간을 쥐어짜 더 많은 에너지를 불태워 약속을 지켜갈 수밖에 없다.

"문득 돌아보니 저 스스로에게 너무 높은 기준을 강요하고 있더라고요. 어떻게 하면 회사에 더욱 봉사하고 남을 도울 수 있을까? 이걸 '인생의 이상'으로 생각하다 보니 정작 저 자신은 잃어버리게 된 거죠."

어떻게 해야 이러한 상황을 돌파할 수 있을까?

1. 원인부터 찾는 게 중요하다

거절하지 못하는 이유를 생각해보자. 근본 원인에서 해결 방법을 찾아야 한다. 다른 사람에게 의지하지 않고 능력을 드러내고 싶은 것인가? 아니면 체면을 세울 수 있는 기회로 생각해 다른 사람과 공을 나누고 싶지 않은 것인가? 둘 다 아니라면 자신의 심리에서 원인을 찾을 수 있다. 거절하고 싶지만 적당한 핑계를 찾지 못해서인가, 아니면 이유는 충분하지만 거절할 만큼 얼굴이 두껍지 않아서 차마 입을 뗄 수 없는 것인가? 모든 문제는 정확한 원인을 찾아야만 올바른 처방을 내릴 수 있다.

2. 문제의 출발점을 바꿔보자

어떤 일을 할 때 자신의 이익을 고려하지 않는 사람들이 있다.

그저 상사의 요구나 동료의 부탁만을 생각한다. 이렇게 출발점 자체가 문제다. 만약 당신이 자신의 이익을 출발점으로 삼고 동료나 타인의 기분을 그다음으로 고려한다면, 충분히 자신의 입장을 먼저 밝히고 요구를 말할 수 있지 않을까? 좀처럼 거절하기 힘들다면 곤란할 때 차라리 이기적으로 행동하려고 노력하라. 전혀 나쁜 게 아니라 당연한 일이다!

3. 무엇보다 건강이 가장 중요하다

오랫동안 의지를 거역하고 마음을 거스르는 일을 했다면 그 압박과 스트레스는 상당히 누적되었을 것이다. 이렇게 되면 몸과 마음의 건강을 해쳐서 그 정서적 반응이 주변 사람에게도 영향을 미칠 수밖에 없다. 가족, 친구, 동료나 아이들에게까지 말이다. 적절히 표출하지 않는다면 점차 부정적인 감정이 계속 쌓여서 결국 삐뚤어진 사람이 되기 쉽다. 쉽게 화를 내고 초조해하고 자주 이성을 잃게 될지도 있다. 건강을 생각해서라도 적당한 때에 타인의 부탁을 거절할 줄 알아야 한다.

4. 남들도 스스로 해결할수 있다고 믿자

어떤 사람은 순진하게도 남의 부탁을 들어주는 이유가, 남들이 스스로 해결할 수 없어서 자기에게 부탁하기 때문이라고 여긴다. 이런 사람들은 자신의 능력은 대단하고 다른 사람은 그만큼 그 일을 잘해내지 못할 것이라고 생각한다. 물론 때론 사실일 수도 있다. 하지만 대부분의 경우 사실 사람들은 단지 게으름을 피우고 떠넘기려는 것일 뿐이다. 당신이 매우 성실하고 드러내기를 좋아한다면? 사람들은 바로 그 점을 이용할 것이다. 그러므로 다른 사람이 당신에게 부탁할 때는 먼저 상대방의 능력을 믿고, 그러고 나서 그 생각을 분명히 상대방에게 말해야 한다.

5. 희생한 만큼 적절한 보상을 받자

반드시 권리 의식을 가져야 한다. 거절하기 난처해 부탁을 들어줄 때는 '의식적으로' 마땅히 받아야 하는 보상을 요구해야 한다. 모든 일을 도맡아 큰일이건 작은 일이건 모두 짊어지고 나무랄 데 없이 잘해내고도 이렇다 할 아무 보상도 받지 못하는 경우가 많다. 그들은 책임과 의무에 대해서 전혀 생각하지 않고 겸연쩍어하며 어떠한 요구도 하지 않는다. 귀찮은 일에 얽매이면서도 아무 보상을 받지 못한다. 추가적인 부탁들은 뻔뻔하게 날아오는데, 기대한 보상은 깜깜 무소식이다.

많은 사람들이 이러한 고충을 털어놓았다. "상사가 하라면 하

는 거죠. 많이 희생했지만 돌아오는 건 별로 없어요"라고 말한
다. 시간이 흘러 도저히 참을 수 없어 보상을 요구하면 상사에게
나쁜 인상을 남기고, 이것은 동료들 사이까지 빠르게 퍼져나가
"그렇게 열심히 하는 척하더니, 다른 꿍꿍이가 있었네"라는 비
아냥거림이 돌아온다. 정말 억울하다.

　당신 스스로는 받아들이기 힘들더라도 처음에 원칙과 한계를
확실히 정하지 않는다면, 결국 이러한 상황에 맞닥뜨리게 된다.
사람들 생각에도 관성이 있다. 당신이 애초에 취했던 행동에 대
해 고정관념이 생겨, 사람들은 당신이 분명 늘 하던 대로 할 것
이라고 생각한다.

　모든 사람은 노력에 합당한 대가를 바란다. 아무런 대가 없이
희생하려는 사람은 없다. 일 자체가 희생과 대가의 계약 관계다.
우리는 상사의 지시에 따르고 열심히 일한다. 그리고 회사가 주
는 합당한 보상을 받는다. 동료에게 협조하고 고객에게 서비스
하는 것도 바로 노력을 지불하고 혜택을 받는 것이다. 거절에 대
한 이유는 바로 '아무런 혜택을 받지 못하는 것'이어야 한다.

　심지어 가정에서나 부부 간에도 '공짜'는 없다!

　타인의 요구로 자신의 가치를 증명할 수 있는 사람은 없다.

　처음에는 자신을 속일 것이다. '내가 없으면 안 되겠지'라고

생각하다가 여가와 휴식의 중요성을 잊어간다. 시간 낭비라는 걸 알면서도 거절하는 것에 대해 죄책감을 느낀다. 또는 다른 사람에게 얼마나 봉사했는지로 자신의 가치를 판단한다.

더 늦기 전에 새로운 사고방식이 필요하다. 한번 실천해보자.

1. '원칙 없이 무조건 최선을 다하면 된다'라는 생각은 매우 잘못되고 위험한 발상이다.
2. 명령과 고된 노동에만 의지해서 승진할 수는 없다. 오히려 원칙을 상실하면 존중받지 못하게 된다.
3. 부탁을 받았을 때는 우선 그 합리성을 따지고 얼마만큼 대가를 치러야 할지부터 판단해야 한다.
4. '내가 반드시 해야 하고 그럴 만한 능력이 있는' 부탁만 승낙한다. 그 외에 다른 모든 부탁에는 신중하라. 차라리 받아들이지 않는 방향을 선택하라.
5. 거절의 권리를 가장 우선순위로 놓는다. 나에게 어떤 요구를 하더라도 거절당할 수 있다는 것을 다른 사람에게 분명히 해야 하고, 내 느낌을 고려해서 스스로를 충분히 존중해야 한다.

왜 먼저 요구하지
못할까?

●　　　　한 회사에서 근무하는 우화 씨는 자신이 영락없는 '호구'라고 생각한다. 정당한 권리를 누려본 적이 없기 때문이다. "열심히 일하고 친절하고 다른 사람보다 더 많이 일하고 실적도 좋아요. 업무효율도 높죠. 하지만 그렇다고 월급을 남보다 더 받지는 않아요. 회사에 입사한 지 6년이 되었는데, 한 번도 급여 인상이나 승진 같은 이익을 요구해본 적이 없어요. 제가 어떻게 해야 할까요?" 그는 억울해했다.

"사장에게 보상이나 승진을 요청해본 적이 한 번도 없나요?"

그는 고개를 끄덕이며 아무 말도 하지 않았다. 6년이라는 시간 동안 거의 말을 꺼내본 적이 없고 상사에게 자신의 요구를 귀띔해본 적도 없다. 그의 실적이 분명할 때도 겸연쩍어하며 공개적으로 드러내지 못했고, 마땅히 받아야 할 보상도 받지 못했다. 또한 상사의 부당한 요구에 대해 거절할 줄을 몰랐던 그는 이렇게 계속 호구가 되어가며 꾹 참고 손해를 보았다.

그는 오랫동안 짝사랑해오던 여자에게도 고백하지 못했다. 스스로를 루저라고 여겼고 어떻게 해야 할지 몰라 답답해했다.

"저는 이제 이렇게, 원하는 것을 제대로 표현하지 못하는 사람이 되었어요." 그는 어깨를 축 늘어뜨린 채 말했다.

마땅한 자신의 권리를 쟁취하지 못하고 상사에게 어떻게 거절해야 할지 모른다면 당연히 손해를 보기 마련이다. 일한 대가로 누구나 합당한 자기 몫을 가져야 한다. 하지만 현실에서는 말한 마디 못하는 사람들이 있다. 그들은 다투길 싫어하고 감히 다투지 않으며 다툴 수 없다. 차라리 직장을 그만두면 그만뒀지 상사와 얼굴을 붉힐 수는 없는 노릇이라고 생각한다.

이런 유형의 피해는 이렇게 나타난다.

1. 마땅히 받아야 할 이익을 눈뜬 채 빼앗긴다
당신은 매우 위축되어 있을 것이며 승진이나 임금 인상과 같은 기회도 놓쳐버렸을 것이 분명하다. 분명 당신이 누려야 할 혜택이지만 당신의 그 명분과 '수줍음' 때문에 빼앗긴다.

2. 나의 가치를 드러낼 기회를 잃어버린다

우리는 업무 성과와 개인적 가치, 자신의 업무 능력을 알아볼 수 있도록 할 책임이 있다. 하지만 이러한 평가 기준은 무엇일까? 다른 사람이 자발적으로 이러한 성과를 챙겨줄까? 당연히 아니다! 스스로 모든 기회를 놓치지 않고 챙겨 받아야 한다.

용감하게 쟁취하지 않는다면 얻을 수 없다. 경쟁은 매우 치열하다. 당신이 원하지 않으면 누군가가 바로 가져간다. 심지어 당신이 치열하게 원하지 않으면 누군가 빼앗아 간다. 그러므로 '투명 인간'의 일은 고통스럽다. 그들은 가치를 느끼지 못하고 주류에서 밀려나면서 심각한 위기를 겪는다.

3. 상당한 시간과 노력이 헛되이 사라진다

이런 사람들은 어리석게 대부분 시간을 허비한다. 그런 다음 그 때문에 곤혹스러워한다. 용감하게 이익을 쟁취하지도, 무리한 부탁을 거절하지도 못하면서 곤란한 상태에만 빠져든다. 일에 열정도 없다. 당장의 일을 처리하는 것도 원만하지 못해 하루

24시간을 허비한다.

우화 씨는 스스로에 대해 이렇게 설명했다.

"누구 말을 믿어야 할지, 한 걸음도 내딛기가 어려워요. 정말 벗어나고 싶지만 어떻게 시작해야 할지 모르겠어요. 마치 늪에 뛰어든 것처럼 이미 벗어날 수 없게 되었죠."

모든 사람에게 필요한 첫 번째 직업적 자질은, '회사를 위해 이익을 만들어내는 동시에 나 자신을 위해서도 이익을 낸다'라는, 수익성 마인드를 갖는 것이다. 만약 이익을 따지는 것이 부끄러워 합당한 이익을 주장하지 못한다면, 게다가 받아야 할 이익을 쉽게 포기한다면, 당신은 더 물러날 곳 없는 절벽에 다다를 때까지 계속 양보할 수밖에 없다.

가장 먼저 돌봐야 하는 건
나 자신

● 　　　베이징에서 일하는 샤오퉁 씨 역시 우화 씨처럼 매우 억울해하는 남성이다. 그는 대학을 졸업한 뒤 꽤 그럴듯한 직장에 다니고 있고 예쁜 여자 친구도 있다. 최소한 시작은 순조로웠고 어떠한 좌절도 없는 듯했다. 하지만 그는 이렇게 말한다.

"항상 무력감에 시달려요. 사회생활에 실패할까 봐 두려워하는 이 나약함이 수치스러워요."

그는 친구와 의견 충돌이 있을 때마다 양보하는 쪽을 선택했다. 설령 내키지 않고, 돌아서서 화를 내더라도 당장은 예의 바르게 행동하며 좋게 이야기했다. 이런 모순된 행동은 그를 더욱 힘들게 했다. 그의 해명은 이렇다. 양보하지 않고 끝까지 따지다가 상대에게 상처를 주거나 마음을 상하게 만들면 어떻게 하냐는 것이다. 그는 거절이나 강경한 태도가 친구를 난처하게 하거나 감정을 상하게 할까 봐, 자신도 모르게 스스로를 억울한 상황으로 빠뜨리고 있었다. 이런 사람은 생각보다 많다. 예전에 상담을 하면서 만난 청년도 그랬다. 그는 자신의 감정에 대해 이런 고민을 털어놓았다.

"사귄 지 2년 정도 된 여자 친구와 헤어지고 싶어졌어요. 그런데 이런 결말을 그녀가 받아들이지 못하고 상처받을까 봐 두려워요. 어떻게 해야 할지 모르겠어요."

연인과의 이별? 누구도 상대방에게 일부러 상처 주기를 원하지 않는다. 하지만 그 청년만큼이나 심각하게 고민에 빠지는 사람은 드물다. 심지어 그는 이 고민 때문에 두 달 동안이나 불면증에 시달렸다고 한다. 도대체 어떻게 해야 여자 친구가 이별을 자연스럽게 받아들일 수 있을지 확신할 수 없다며 괴로워했다.

이러는 이유는 이성적인 판단이 아니라 두려움과 가책 때문이다. 상대방을 화나게 할까 봐, 상대방의 감정을 상하게 할까 봐 두려워 차라리 내 의지를 눌러버린다. 그렇게 그들은 '타인에게 복종'하는 단 한 가지 선택만을 한다. 소중한 자신이란 없다.

오랫동안 이렇게 조심스럽고 신중하게, 심지어 두려움에 벌벌 떠는 환경에서 살다 보면 성장 과정에서 경험하며 배운 독립적이고 자주적인 능력을 잃어버린다. 그러다가 철저히 타인에게만 의지하고 우유부단하게 아무런 결정도 내리지 못하는 상태가 되고야 만다. 거절해야 할 순간, 그의 첫 번째 반응은 언제나 뒷걸음질이었다. 상대방에게 상처 줄까 염려하다가 결국 자신에게 상처를 주면서 사태는 더욱 심각해진다.

어린 시절 분명하게 "아니요"라고 말하는 훈련을 하지 못한 탓도 있다. 십여 년간 성장하는 과정에서 가정과 학교에서 제대로 거절하는 훈련을 하지 못하면 필요한 경험을 쌓을 수 없다.

모든 바람직한 관계는 거절과 선택의 자유라는 기초 위에 세워져야 한다. 드래그 교수는 이렇게 말했다.

"문제의 핵심은 어린 시절에 그들이 자신의 한계를 확인하고 상대방에게 인정받는 훈련을 하지 못했고, 따라서 거절해본 경험이 없다는 것이죠. 그래서 나약한 성격이 된 겁니다."

거절은 정말 상대방에게 상처를 줄까? '거절당한 자'의 분노를 받고 침착하게 대처하는 상상을 해보자. 화가 날 수도 있지만 아무 일도 일어나지 않을 수도 있다. 다음과 같은 말들을 미리 마음속으로 연습해볼 수 있다.

"물론 당신을 사랑해. 하지만 이렇게 행동해선 안 돼!"

"이봐. 화가 날 거라는 거 알아. 하지만 그래도 말해야겠어. 나는 그 의견에는 동의할 수 없어."

"알아. 안타깝지만 우린 서로 맞지 않아. 헤어지는 게 좋겠어."

생각보다 어렵지 않다. 이런 연습은 오히려 실전에서 이런 말을 쉽게 입 밖으로 낼 수 있도록 해준다. 원칙을 지키면서 감정을 이해하는 방법이다. 동시에 우리 안에 지니고 있는 강력한 힘을 확인시키고 내 한계를 지켜준다. 진심을 표현하는 것이 무엇보다 중요한 이유는, 타인과 서로 생각이 다를 때 처리하는 방법과 원칙을 습득했다는 데 있다. 거절당했을 때의 좌절과 실패를 포함해 생활 속에서 겪는 각종 좌절과 실패를 더 담담하고 담대하게 마주할 수 있다는 의미이기 때문이다.

자신의 마음을 보호하려는 사람은 타인에게 '아니요'라고 말하는 것을 두려워하지 않는다. 자신의 마음을 발견하고 단단히 하는 것이야말로 가장 먼저 해야 할 일이다. 거절할 때는 태연하라. 맨 처음 경계를 세우는 것은 가장 좋은 자기 보호 수단이다. 상대방이 화를 낼 수도 있다. 하지만 책임이나 잘못을 당신에게 떠넘기며 제멋대로 탓하지는 않을 것이다. 다음을 기억하자.

1. 당신이 당신의 마음을 보호하는 것 때문에 상대방이 화를 낸다면, 그건 상대방 잘못이다. 미안해할 필요도 없다.

2. 거절은 상처를 주지 않는다. 분노가 상처를 줄 뿐이며 그건 당신과 무관하다.

3. 상대이 분노가 딩신에게 원치 않는 일을 하도록 지시하거나 타협하도록 만들지 않게 한다.

4. 상대방의 분노가 당신의 감정에 영향을 미쳐 당신까지 분노하게 해도, 부끄러워 할 일이 아니다.

5. 이렇게 만반의 준비를 하더라도, 상대방과 늘 거리를 두고 나 자신을 보호하라.

참아야 유지되는 관계는
깨버리는 게 낫다

●   관계는 자원이자 미래의 기회를 상징한다. 친구 관계든 업무를 통한 파트너 관계든 좋은 관계를 형성하는 것은 쉽지 않다. 그렇기 때문에 사람들은 그 관계를 깨뜨리고 싶어 하지 않는다. 하지만 어쩔 수 없는 상황에 부딪혔을 때 당신은 또 어떤 선택을 하게 될까? 만약 누군가 당신의 물건을 빌려가서 돌려주지 않았다고 하자. 돌려받고 싶을 때 어떻게 말해야 하나?

상대방과 무척 가깝고 서로 좋은 감정을 가지고 있는데, 기분 나쁘게 할까 봐 두려운가? 관계는 그저 그렇지만 당신이 분명히 말했는데, 상대방이 아무런 반응을 보이지 않았는가?

월스트리트의 한 증권사에서 번역 업무를 하고 있는 양 씨는 최근 이런 일을 겪었다.

"동료가 600위안을 빌려가면서 한 달 뒤에 갚기로 했어요. 그런데 두 달 반이나 지났는데 갚을 생각을 하지 않아요. 아무 일도 없다는 듯 행동하죠. 돈을 빌리지도 않은 것처럼 말이에요. 그래서 제가 은근슬쩍 언지를 줬는데, 아무 반응이 없네요. 어떻게 해야 할까요?"

그 동료는 그녀보다 직급이 높은 부서장이었다. 양 씨는 감히 미움을 사고 싶지 않았을 것이다. 게다가 모두가 알고 있는 이유가 있다. 업무나 생활 속에서 언제 어떻게 엮일지 모르는 관계라는 점. 난처해진 양 씨는 어떻게 해야 돈도 돌려받고 서로 관계도 해치지 않으며 앞으로 원만한 관계를 유지할 수 있을지 무척 고민했다.

돈 때문에 사이가 틀어지는 것을 감수하는 것은 분명 어려운 일이다. 하지만 빌린 돈을 갚는 것은 당연하다. 상대방이 서로의 관계를 의식했다면 당연히 제때에 갚아야 한다. 그렇지 않았다면 관계를 깬 것은 당신이 아니라 바로 돈을 빌린 사람이다.

수많은 인간관계 중에서 모든 관계가 지켜낼 만한 가치가 있는 것은 아니다. 두 사람의 관계의 가치와 좋고 나쁨을 어떻게 판단하느냐가 바로 핵심이다. 다시 말해 어떤 관계는 유지하느니 차라리 끊는 게 나을 수도 있다! 상대방이 관계에서 유리한 위치만 차지하고 어떠한 양보도 하지 않고 오로지 당신에게서 얻어내려고만 하면 말이다. 이런 사람들에 대해 반드시 과감히 거절할 수 있어야 한다. 그에게 상처 줄 것을 염려하거나 '우정'을 깰까 봐 걱정할 필요도 가치도 없다.

이를 토대로 나는 양 씨에게 3가지 제안을 했다.

1. 원래 당신에게 속한 것을 돌려받으려면 스스로 떳떳해야 한다. '겁내지 말 것. 그리고 그로 인해 난처해하지 말 것.'
2. 당신이 분명히 말했는데도 상대방이 여전히 개의치 않는다면 즉시 그 원인을 분명히 밝혀서 상대방에게 설명하고 이성적으로 판단하도록 한다.
3. 만약 당신이 거절해서 둘의 관계가 깨졌다면 이런 관계는 없어도 그만이다. 이미 깨졌어야 나은 관계다.

거절당했던 상처 때문에
오늘도 거절을 못한다

●   우리는 때로 누군가에게 거절당할 것을 두려워한다. 양 씨는 그녀가 미국에 막 도착했을 때의 이야기를 들려주었다. 머물 곳도 없었고, 수중에는 돈도 얼마 없었기 때문에 고향 사람이 사는 곳에 잠시 머물기로 마음먹었다. 처음 외국에 나가 일하는 젊은이에게 고향 사람을 찾아 머물 곳이나 돈을 빌리는 것은 종종 있는 일이다. 하지만 양 씨는 그 자리에서 거절당했다. '집은 좁고 식구는 많다'는 이유였다. 다음 날 다시 전화를 걸어보았지만 아무도 받지 않았다.

"이 일이 트라우마로 남아 있어요. 그때 이후로 다른 사람에게 부탁할 일이 생기면 거절당할까 봐 두려워요. 다시는 부탁하고 싶지 않아요."

누군가 심리적으로 성숙한 사람인지 판단하려면 그가 타인에게 "아니요"라고 편안하게 말할 수 있는지, 자발적으로 다른 사람에게 도움을 요청할 수 있는지를 보면 된다. '거절'을 감수하는 능력도 포함된다. 다른 사람에게 거절당했을 때 심리적 안정을 유지할 수 있는지의 여부 말이다. 모두 용기가 필요한 일이다.

심리학에서 말하는 '거절 민감성'이란 거절할 줄 모르고 자발적으로 타인에게 부탁하지 못하는 상태를 말한다. 이런 사람들의 인간관계는 언뜻 나쁘지 않아 보인다. 양 씨를 보더라도 그녀가 항상 친절하기 때문에 주변에 친구가 많고 평가가 좋다. 하지만 주변 사람들은 그녀를 끊임없이 번거롭게 한다. 고통은 오롯이 그녀만의 몫이다. 체면 때문에 손해를 보는 것이다.

이러한 행동의 심리를 들여다보면 그들이 잠재의식 속에서 타인의 사랑과 관심을 갈구한다는 사실을 발견할 수 있다. 이는 두 가지로 나타난다.

1. 실리적으로 환심을 산다. 자발적으로 다른 사람을 도와 일을 이루게 함으로써 자신의 목적을 실현한다.

2. 방어적으로 환심을 산다. 자신의 뜻을 굽히면서 일을 이루어 자신을 안전지대에 놓는다. 적을 만들지 않음으로써 여유로운 생존 환경을 조성한다.

언뜻 긍정적인 듯 보이지만, "아니요"라고 말하지 못하는 행동이 극에 달하면 내면에서 기댈 곳을 잃은 '자아'는, 무슨 일을 하더라도 타인의 감정에 따라 판단하게 된다. 타인의 무례한 부탁도 감히 거절하지 못하고 자신의 합당한 요구도 거절당할까 봐 두려워하게 된다. 일반적으로 그 원인은 두 가지다.

1. 거절당해본 과거가 남긴 상처

거절 민감성이 높은 사람들의 과거 경험과 인간관계에는 상처가 존재한다. 특히 처음 힘들게 부탁을 꺼냈을 때 받은 타격으로, 잠재의식 속에는 '말하면 안 돼. 또 거절당할 거야'라는 씨앗이 자라게 되었다. 그들의 머릿속에는 부정적인 논리로 가득 차고 성격과 행동 방식에서도 거절에 지극히 민감하게 반응한다.

이때 그들은 자신의 요구, 부탁, 요청을 어쩔 수 없이 억제하고 제한하면서 또다시 '거절당하는' 불쾌한 경험을 피하려고 한다. 이렇게 발생한 인간관계의 불안은 모두, 거절당할 것을 두려워하는 마음의 상처 때문이다. 과거에서 벗어나야 한다.

2. 연약한 자존심이 치는 장난

많은 사람들은 자존심이 강하면서 동시에 약하다. 어떤 사람들은 평판을 매우 중요하게 생각한다. 단정하게 앉고 똑바로 걸으며 엄격하게 자신을 단속한다. 처세를 위해 다른 사람에게 폐를 끼치지 않고 스스로 해결해야 한다고 생각한다. 이러한 자존심 때문에 그들은 특히 체면을 의식한다.

거절당하는 것을 걱정하기보다는 뒤에서 그들을 헐뜯고 비꼬는 것을 두려워하는 것이다. 그래서 자신의 행동이 남에게 미치는 영향과 자신에 대한 사람들의 시선을 더욱 꺼린다. 본질적으로 이러한 거절을 두려워하는 행동은 자존심 때문이다.

기회를 놓치느니
나 자신을 버리겠다고?

● 　　그는 여러 차례 고객에게 놀림을 당하는 수모를 겪으면서도 협력 기회를 잃을까 봐 전전긍긍했다. 많은 사람들이 더 강해지고 자신감을 가지라고 충고했지만, 인터넷상으로만 분노를 터트릴 뿐 실제로는 조금도 변하지 않았다. "좋은 직장을 얻는 것이 어디 쉬운 일인가? 살얼음판을 걷는 정도는 감수해야지"라고 말하곤 했다. 그러면 나는 되물었다.

"100만큼 노력을 하고도 1만큼의 보상밖에 받지 못했는데도 그 일을 계속하겠다는 거야?"

그는 아무 말도 하지 못했다. 마음속으로는 자신의 행동에 변화가 필요하다는 것을 알고 있었다. 하지만 어떻게 변해야 할지 모르고 있었다. 그의 마음이 이렇게 나약해진 건 이미 30년이나 되었다. 완전히 바꾸기란 하루아침의 노력으로는 불가능했다.

간단한 예로 상사는 그에게 막중한 임무를 맡기면서 동시에 모진 부탁을 했다. 아무런 보상도 해주지 않으면서 힘들게 야근을 시키거나 과도한 업무를 시켰다. 하지만 그는 이 기회를 놓치지 않기 위해 감히 협상을 시도할 생각조차 하지 않고 시키는 대로 일하고, 동료들에게 손가락질 당했다.

"그렇게나 무례한 요구를 왜 거절하지 못하는 거지?"

"그거야 이 기회를 다른 사람에게 빼앗길까 봐 그렇지."

"아무리 그래도 그렇게까지 마음고생을 자처하는 건 자기학대 아니겠어?"

사람들은 왜 이런 선택을 할까? 일할 사람은 많고, 직장은 부족하기 때문이다. 좋은 직장에는 열 명이 넘는 사람이 달라붙어 경쟁하기도 한다. 많은 사람들이 감히 상사의 명령에 반기를 들지 못하는 충분한 이유가 된다. 사람들은 경쟁 속에서 기회가 많지 않다는 사실을 알게 되면 '실수해선 안 돼'라는 심리가 생긴다. 자신이 많이 요구했다가 귀한 기회를 다른 사람에게 빼앗길까 봐 두려워하게 된다.

그러나 자신감을 잃는다는 것은 마지못해 관계를 유지하거나 자신의 이익을 희생하여 일자리를 유지하기 위해 지불하는 대가보다 더욱 가혹하다. 당신에게 미치는 피해는 장기적이라 당장 오늘내일에 보지 못하더라도 먼 훗날에는 분명 드러나게 될 것이다.

그도 이미 이 사실을 느끼고 있다.

"이제 내 능력이 의심스러워. 때로는 이렇게 소심한 내가 너무 미워. 앞으로 경쟁할 용기가 없을까 봐 두렵고, 지난 몇 년 동안 그랬던 것처럼 받아야 할 보상을 받을 수 없을까 봐 두려워. 하룻밤새 늙어버린 느낌이야. 너무 괴로워."

당신이 어떤 일에 대해서 여전히 겸연쩍어할 때 근본 원인을 찾거나 자신에게 어떠한 변화가 일어나고 있는지 생각해보았는가? 자신감마저 상실했다면 반드시 변해야 한다. 이제부터 올바르게, 자신의 생활에서 도대체 무슨 일이 발생하고 있는지 자세히 살펴봐야 한다.

| 거절하지 못하는 10가지 특징과 원인 |

행동 특징	심리적 원인
① 자신의 능력을 마음껏 표현하지 못한다. 심리적으로 위축되어, 자유자재로 할 수 있는 일까지도 종종 그 기회를 남에게 양보한다.	① 항상 남보다 자신이 못하다고 느낀다. 칭찬받을 때 열등감은 더욱 두드러진다. 마음속으로는 자신이 칭찬에 걸맞지 않다고 느끼기 때문이다.
② 자신의 장점을 찾지 못하고 어떤 장점이 있는지도 알지 못한다. 자신에 대한 이해가 부족하고 완전히 자아를 상실한 사람처럼 행동한다.	② 인생의 위치가 모호하고 사업의 위치를 정하는 데도 실패했다. 마음속 자아는 길을 잃어 무슨 일을 하더라도 의욕이 없다. 인생의 중요한 단계에서 자신에 대한 위치를 정하거나 사업의 계획을 정하는 절차를 지나쳐 결국 이렇게 '방향을 잃는 결과'를 초래했다.
③ 행동력이 부족하고 항상 꾸물거린다. 행동에 옮기지 않기 위해 온갖 이유와 변명을 찾아내 제자리에 머물길 원하고, 아무것도 하려고 하지 않는다.	③ 미루는 버릇이 있고 의지가 약하며 게으르다. 행동력이 약한 또 다른 심리적 원인은 '위기의식이 없다'는 것이다. 자신이 무엇을 잃을지 모르기 때문에 충분한 동력으로 자신을 독려하지 않는다.
④ 자신의 관점을 과감히 표현하지 못하고 말하기를 부끄러워한다. 심지어 표현할 기회마저 두려워하여 의견을 말할 가능성이 있는 장소에는 아예 가지 않고 사람이 많이 모인 곳은 피한다. 또한 낯선 사람이 참여하는 토론에는 참가하지 않는다.	④ 부끄러움을 타고 비웃음거리가 되는 것을 두려워한다. 근본적으로 자신감이 부족하며 자신의 견해가 주장할 만하지 못하다고 생각하거나, 이미 자가 실패 테스트를 통해 입만 떼면 난감하고 난처한 상황에 놓일 것이라고 생각한다. 또한 표현한 후 후속 행동에는 통제력이 부족하여 토론의 진행 과정을 파악할 자신이 없다. '내가 발표한 의견에 대해 새로운 문제를 제기하면 어떻게 하지?' 이것이 그를 가장 고통스럽게 한다.

⑤ 차마 거절하지 못하고 다른 사람이 힘들어하는 것도 보지 못한다. 이것이 그를 가장 힘들게 하는 일이다.	⑤ 타인에게 상처 주는 것을 극도로 염려하고 관계가 깨질까 봐 걱정한다. 특히 인간관계에 연연하며 상대방이 생각하는 자신의 위치에 신경을 곤두세운다. 기분을 상하게 할까 봐, 좋았던 자신에 대한 인상을 해칠까 염려하여 아무리 큰 대가를 치러야 한다고 해도 어떻게든 상대방의 모든 요구를 만족시켜 주려 한다.
⑥ 타인의 부당한 요구도 감히 거절하지 못하고 승낙하며, 한마디 반문도 하지 않으면서 차츰 꼭두각시가 되어간다.	⑥ 마음이 나약하고 현재의 상태가 깨질까 봐 두려워하며, 상대방과의 관계 악화의 책임을 지게 될까 봐 염려한다. 동시에 현재의 생활 상태를 바꾸고 싶어 하지 않는다. 내면에는 '조금 손해를 보더라도 번거로운 일만 안 생기고 편안하게만 지내면 되지'라는, 현실에 안주하려는 심리가 강하다.
⑦ 합당한 요구도 제기하지 못한다. 그가 손해를 본 것을 모두가 알고 있어도 현장에서 또는 뒤에서라도 개선을 제기하여 자신에게 피해를 주는 결정을 철회할 것을 요구하지 않는다. 마치 온순한 양과 같이 고분고분하게 양 우리에서 기다리며, 아주 적은 양의 풀만 먹으면서 결코 항의하지 않는다.	⑦ 정신적 경지나 자아의 도덕적 요구 등 자신에 대한 기준이 매우 높다. 자신의 인격이 높고 고상하다고 생각한다. 또 다른 한편으로 이미 가지고 있는 것을 잃을까 봐 두려워한다. 안전하다고 볼 수 있는 '양 우리'도 그는 '만약 내가 더 많은 신선한 풀을 요구한다면 나를 우리 밖으로 내쫓을지도 몰라'라고 생각하며 걱정할 것이다. 마지막으로 상대방을 기분 나쁘게 할까 봐, 남에게 나쁜 인상을 남길까 봐 두려워한다. 지금까지 온 길이 평탄하지 않았기 때문에, 이미 형성된 관계를 매우 중요하게 생각한다.

⑧ 항상 남에게 결정을 맡기고 자신은 의견을 내세우지 않는다. 다른 사람이 말하는 대로 행동한다. 한 번도 반박이나 자신이 선택한 의견을 말한 적이 없다. 또한 상대방의 결정이 과연 옳은지 아닌지에 대해서도 스스로에게 반문하지 않는다.	⑧ 결정 의존증이다. 즉, 결정력이 부족하고 타인이 자신에게 내려준 결정을 거절할 용기도 없다. 심리적으로 종종 장기적인 의존 경험이 있으며 심각한 심리적 타성이 형성되었다. 주체적으로 살아본 경험이 별로 없어서 어른이 된 뒤에는 이러한 훈련을 아예 포기한다. 권리의 일부를 양보하여 부모, 형제, 배우자, 친구, 상사 등에게 맡긴다.
⑨ 낯선 사람과 쉽게 친해지지 않는다. 사교 모임에 참여하는 일이 드물며 낯선 사람과 친구가 되려 하지 않고 기본적으로 새로 알게 된 사람과 긴 시간 이야기를 나누지 않는다. 습관적으로 친한 사람들에 싸여 숨어 있곤 한다.	⑨ 강한 교제 공포증 때문이다. 낯선 사람에게 거절당할 것을 두려워하고 상대방에게 안 좋은 인상을 남길까 봐 걱정한다. 이러한 심리가 강해지면 마음속에는 일종의 교제 공황이 형성된다. 그러면 용기는 사라지고 의식을 장악해 행동을 통제한다. 그러므로 과감하게 소통하지 못하고 공공장소에서 낯선 사람과 말하지 않는다. 설령 입을 연다고 해도 인사치레 한두 마디 정도이다.
⑩ 주장이나 관점이 있더라도 상대방의 반격에 부딪히면 항상 뒷걸음친다. 자신의 입장을 완전히 상실할 때까지 끊임없이 타협한다.	⑩ 마음속에 마지노선을 설정하지 않고 의지도 부족한데, 장시간 사람들과 다투지도 않아서 항상 자신의 기지를 지키지 못한다. 근본적으로 과감히 결단 내리지 못하고 자신감이 부족하다. 위의 모든 행동과 심리 현상이 종합적으로 나타난다.

나 자신의 주인이
되어본 적이없다

●

당신은 당신 자신이 되기만 하면 될 뿐,

누군가의 꼭두각시가 될 필요는 없다.

무책임한 명령을 들을 필요도 없고

무리한 요구를 받아들일 필요는 더더욱 없다.

당신은 마음 깊은 곳에서 바라는 대로만 하면 된다.

남에게 너무
의지하는 것도 습관이다

● 　　커 씨는 어려서부터 어머니에게 의지해서 자랐다. 이제 어른이 된 그는 여자친구에게 의지하기 시작했고, 미래 아내의 '노예'가 되었다. 그는 "화장실 가는 것만 빼고 무슨 일을 하더라도 다른 사람이 알려주거나 재촉해야만 하죠"라고 말했다.

"선생님, 제가 불쌍하다고 생각하세요? 제가 구제불능이라고 생각하세요?" 그는 자조하듯 물었다.

"아니요. 그렇게 생각하지 않아요. 단지, 당신의 삶을 올바른 궤도로 되돌려야 한다고 생각해요."

그의 설명을 토대로 나는 그의 상황을 이렇게 판단했다.

"단지 자신의 세계를 다른 사람의 통제에 맡기고 인생을 결정하도록 하는 데 습관이 된 것 같아요. 큰일이든 작은 일이든 주체적인 의식이 부족하고요. 다른 사람을 거절하지 못하는 데서 원인을 찾을 수 있죠."

이런 사람들은 두 가지 상황으로 나눌 수 있다.

1. '의존하는 사람'은 항상 사랑받기를 원한다

이러한 상황에 대해 드래그 박사는 장기간 양성된 '무의식적 과정'으로 결론 내렸다.

"대부분 어린 시절부터 형성되기 시작하죠. 그들은 부모가 설계한 대로 생활할 뿐 독립적인 경험을 하지 못했습니다. 이러한 상황에서 '사랑받고 싶은 희망'이 생겼고 차츰 자신의 인격을 포기하게 된 것입니다. 어른이 되어서도 이러한 행동 방식은 사라지지 않았고, 집밖으로 나가면 새로운 대체자를 찾아 부모의 역할을 대신하도록 하는 것입니다."

이러한 상황은 연애에서 더욱 두드러진다. 커 씨는 그의 여자친구를 새로운 '어머니'로 생각하고 스스로 원래의 자아를 계속 포기했다. 여자친구는 그를 대신해 모든 일을 결정하는 정신적 의존 대상이 되었고 그녀의 결정에 대해 그는 결코 '아니'라고 말하지 않는다. 그저 생각에 그치고 만다.

2. 초조-통제 불능 공포증에 시달린다

사람들에게는 모두 분명 어느 정도 의존하려는 본능이 있다. 어렸을 때부터 성장할 때까지 의존하는 대상, 성질, 정도가 다를 뿐이다. 하지만 무슨 색깔 팬티를 입을 것인지까지 배우자의 결정에 따를 정도로 심각한 사람은 많지 않다.

"그녀가 저 대신 결정해주지 않으면 초조하고 불안해요. 나를 사랑하지 않는 것처럼 느껴져요."

바로 통제 불능 공포증이다. 정신적 지주를 잃으면 불안해하는, 애정 상실에 대한 공포이다. 심리학에 따르면 한 사람이 다른 누군가 또는 어떤 사물에 과도하게 의존할 때 상대를 잃은 것에 대한 초조함도 동반된다고 한다.

커 씨가 여자친구에게 결코 'No'라고 말하지 못하는 것은 여자친구에게 인정받을 필요가 있기 때문이다. 그의 잠재의식은 여자친구가 하자는 대로 따르기만 하면 그녀에게 충분히 인정받을 수 있다고 생각한다. 그렇지 않으면 외면당할지도 모른다는 위험을 느낀다.

그러므로 사람들이 "아니요"라고 말하는 것을 두려워하는 심리의 본질은 사실 거부당할까봐 두려워서다. 때문에 더욱 강하게 자아를 억압하여 스스로를 완전히 주체를 잃은 상태가 되는 대가로 장기적인 안정감을 얻는다.

동시에 우리는 스스로 거절하지 못할 때 사실 내면에서는 매우 상대방을 거절하고 싶어 한다는 것을 발견할 수 있다. 하지만 의존하는 관성과 통제 불능 상태에 대한 불안 때문에, 거절하지 못하며 항상 복종하는 결정을 내리는 것이다.

"아마 어렸을 때 주장을 밀고 나가는 법을 배우지 못했기 때문인 것 같아요. 그래서 쉽게 설득당하는 것이 습관이 되어버린 거죠. 만약 여자친구가 내일 아침 같이 쇼핑하러 가자고 하거나, 쇼핑하는 동안 하루 종일 밖에서 기다리라고 하면요, 저는 내일 아무리 중요한 일이 있어도, 심지어 그 분기 전체 인센티브가 날아가더라도 저도 모르게 알겠다고 대답하죠."

왜 그럴까? 자기표현이 부족하기 때문이다. 그는 스스로 '나는 무엇인가?'라거나 '나에게 무엇이 필요한가?'에 대해 인식하지 못했다. 심지어 이 문제를 진지하게 생각해본 적도 없다.

이러한 사람은 다른 사람의 인상 속에서 산다. 그의 '자아개념' 역시 타인의 평가 위에 세워진다. 이러한 나약함 때문에 그는 더욱 열등감을 갖고, 주관을 잃고, 시달린다. 일단 논쟁에 휘

말리면 시작하자마자 꼬리를 내리기 때문에 논쟁할 수도 대항할 수도 없다. 그는 마치 우리 안에 있는 온순한 양처럼 '주인'이 이쪽으로 끌고 가면 이쪽으로 저쪽으로 끌고 가면 저쪽으로 갈 뿐이다.

인간관계에서 그는 타인의 행동 반응이나 상대방의 요구에 굉장히 민감하게 반응한다. "당신이 무엇을 원하든 원하는 대로 해줄게!" 이것이 다른 사람들에게 남긴 그의 인상이다. 그는 무의식중에 다른 사람을 만족시켜주면 상대방의 호감을 얻을 것이라고 생각한다. 항상 이런 생각을 하느라 '나는 도대체 무엇을 원하는가?'를 생각하지 않는다. 자신의 생활을 누가 주도해야 하는가에 대해서도 별로 고민하지 않는다.

드래그 박사는 나에게 페이란이라는 이상행동 치료사를 소개해주었다. 페이란과 커 씨는 비슷한 면이 있었다. 남의 시선을 유달리 신경 쓰고 어떤 일이라도 다른 사람들의 의견을 들으며 자신의 입장을 쉽게 포기하는 것 말이다. 나는 페이란에게 우리 사무실에서 3개월간 보조로 일하도록 했다. 그가 '부당한 명령'에 대해 어떻게 반응하는지 관찰하면서 그의 '삶'이 도대체 어디까지 통제를 잃었는지 판단했다.

한번은 내가 다짜고짜, 내일 쉬지 말고 사무실에 나와서 문서들을 컴퓨터에 입력해달라고 요구했다.

다음 날은 주말이었고 법정공휴일이었다. 모두 일을 내려놓고 집에서 자유롭게 나만의 시간을 즐겨야 한다. 미국에서 직원은 잔업을 거부할 권리가 있다. 게다가 내가 지시한 일은 매우 과중했다. 하루 안에 완성할 수 없는 분량이었다. 책 10권도 넘는 두께였다. 하지만 페이란은 나를 한번 바라보더니 2초 정도 머뭇거린 다음 "알겠다"라고만 대답했다.

월요일 9시, 사무실에 도착해서 보니 그는 매우 피곤해 보였다. 하지만 그는 여전히 일을 손에서 놓지 않고 땀을 비 오듯 흘리며 일하고 있었다. 책상 위에는 빵 몇 조각과 반 정도 남은 커피가 널브러져 있었다. 머리는 헝클어졌으며 눈빛은 흐릿했고 몹시 지쳐 보였다. 하지만 일을 그만두려는 의지는 없어 보였다. 체력이 고갈되었다는 사실을 인식하지 못하는 듯했다.

"항상 이런 식인가요?"

나는 냉정하게 그를 불러 세웠다.

"무슨 말씀이신지?" 놀란 그는 물었다. "뭐가 잘못되었나요? 뭐 더 필요하신 게 있으신가요?"

페이란의 눈은 말하고 있었다. 강렬한 '자아 긍정'을 발견할 수 있었고, 그의 무의식은 자신에게 '이렇게 하는 것이 옳아. 사람들이 좋아한다는 것을 증명해줄 거야'라고 말하고 있었다.

그에게도 분명 자신의 견해가 있을 것이고 강렬한 자의식이 있을 것이다. 하지만 내가 그에게 명령을 내린 그 순간부터 그의 자아의식은 지고 말았다. 저항할 계획은 전혀 없었다. 항복하는 과정은 이렇게 간단하다. 그를 설득하기란 식은 죽 먹기보다 쉬웠다.

일부 사람들이 결코 "아니요"라고 말하지 못하고 거절하지 못하는 가장 큰 이유다. 그들의 자아긍정은 타인의 긍정으로부터 온다. 그러니 거절할 수 없다. 시작부터 '남의 생각을 부정'한다는 것은 결코 생각할 수 없다. 그들은 '자아'에 대해 분명한 위치를 정하지 않고 자아를 타인의 인정에 묶어놓는다.

그들 마음속 '자아'는 타인이 결정한 것이지 진정한 자신이 아니다. 커 씨는 어렸을 때 어머니에게 무시당할까 봐 늘 두려워했다. 지금은 여자친구의 기분을 상하게 할까 봐 전전긍긍한다. 그의 행동 기준은 타인의 만족에 있다. 이 원칙의 범위 안에서, 자신의 느낌은 아주 작은 부분만을 차지한다. 이는 다음을 의미한다.

1. 타인을 거절하는 결과는 두렵다. 타인을 부정하고 거절하

는 것은 그의 '자아'를 부정하는 것이며, 마음속 열등감을
자극한다.

2. 복종이 곧 그의 가치이다. 타인에게 복종하는 과정에서 '자
아'의 존재와 가치가 두드러지는 것을 느낄 수 있다. 하지만
거절은 이러한 감정을 잃게 만든다.

자신감은 매일 조금씩
강화할 수 있다

● 　　　자신을 버리고 남을 좇는 것은 실패한 인생의 시작이다. 자아를 버리고 성공을 얻을 수 있는 사람은 없다. 걸출한 인물 중에서도 복종의 방식으로 자신의 권위를 세운 사람은 찾아볼 수 없다. 이와는 다른 사람들이 있다. 그들은 시작부터 매우 꿋꿋하게 "아니요"를 외친다. "아니, 나는 그 생각에는 동의하지 않아. 내 생각은 달라. 내 의견을 들어봐!" 매우 그럴듯하게 논리를 따진다. 하지만 시간이 지나고 토론이 진행되다가 마지막 고비에 가서는 타협에 동의한다. 항상 타협으로 끝난다.

"그래. 좋아. 네가 이겼어!"

올해 35세인 자 씨는 이렇게 말했다.

"전 정말 의지가 약한 사람이에요. 가끔은 나를 속일 것이라는 것을 뻔히 알면서도 설득당해요. 다른 사람을 확실히 거절하지 못해요. 항상 엉망진창이 된 일을 떠맡아버리죠!

나이가 들어가면 분별할 줄 아는 기술을 배워야 해요. 행동이나 말에 더 조심해야 하고요. 진상이 불투명할 때 섣불리 부탁을 들어줘서는 안 돼요. 괜한 분란을 일으키면 제 생활이 엉망이 되니까요. 하지만 이렇게 하려면 저는 제 본능과 싸워야 해요. 저는 천성이 의지가 약한 사람이라 야박하게 거절하는 게 매우 어려워요. 제 동료 하나는 때로 양심의 가책도 없이 저한테 일을 떠넘겨요. 그래서 항상 제 휴가를 반납해야 해요. 가족과 함께 보낼 시간을 빼앗기고 말죠."

한 설문조사가 생각났다. '당신은 끝까지 자신의 주장을 견지할 수 있습니까?'라는 질문에 76%의 사람이 "아니요"라고 답했다. 대부분의 사람들은 장시간의 토론과 설득, 생각을 거친 뒤처음의 입장을 포기하고 만다. 특히 계속 "아니요"라고 말하는 것은 뜻대로 되지 않는다. 상대방의 미움을 살 게 분명하기 때문이다. 사람들은 항상 체면을 생각하고 두 마리 토끼를 다 잡을 수 있는 해결 방법, 그러니까 내가 잠깐 참고 말지! 라는 방법을 선택한다. 이렇게 자신의 입장을 잃게 되는 이유에는 '되는 대로 처리하는' 심리적 경향이 숨어 있다.

"일종의 학대 콤플렉스다. 어떤 사람은 태어나면서부터 다른 사람에게 봉사하는 것을 좋아한다. 자신을 희생해야 한다고 해도 거절하지 못한다. 무의식중에 자신을 불행한 피해자로 인식한다. 하지만 스스로 불행을 만든 것이다. 생활이 무너졌을 때, 예를 들어 시간이 없어 자기 일을 하지 못했을 때 그는 이런 이유를 들어 이야기한다. '보세요. 제 시간은 모두 빼앗겼어요.' 이 역시 자신을 책임에서 벗어나게 하는 방식이다."

자신의 끈기 지수를 주목하라. 끈기 지수는 우리가 논쟁을 벌일 때 얼마나 긴 시간을 유지할 수 있는지 결정한다. 또한 가장 긴장된 분위기 속에서 상대방에게 복종하는 것을 거절할 수 있는 용기가 있는지 말해준다.

끈기가 바로 의지다. 우리는 어떤 예정된 목표에 도달하기 위해 자신의 의지를 통제하고, 다른 사람이 어려움을 극복할 수 있도록 도우며, 순조롭게 목표를 실현할 수 있도록 노력한다. 본질적으로 끈기는 우리들의 '심리 인내력'이다. 우리가 학습, 일, 사업을 완성시키게 하는 '행동 지구력'이다. 동시에 끈기는 우리의 '자아 상태'가 얼마나 강하고 확고한지를 반영한다.

이러한 긍정적인 '자아 상태'를 군건히 하려면 첫째, '의존증' 이 아니라 강한 자주적 사고력이 필요하다. 둘째, 규칙적인 자기 반성 습관이 필요하다. 어떤 올바른 일에 끝까지 견지하지 못한 의견이 없는지 반성한다. 마지막으로 결단력과 자제력이 필요 하다. 또한 좌절을 견뎌낼 수 있어야 한다. 특히 다른 사람과의 논쟁에서 심리적으로 좌절하고 상처받았을 때 타협하지 않도록 한다. 이렇게 하면 의지는 최대의 효과를 발휘하고, 마땅한 그 가치를 드러낼 수 있다. 마지막까지 나만의 의지를 지키고 싸울 수 있게 하는 7단계는 다음과 같다.

1. 명확한 자신만의 목표가 있어야 한다

의지를 키우는 첫 번째 단계가 가장 중요하다. 바로 나 스스로 무엇을 원하는지 아는 것이다. 동기가 뚜렷하면 강한 동력이 생 겨 장애를 극복할 수 있다. 동기는 끝까지 의견을 밀고 나가는 첫 번째 조건이다. 자신이 무엇을 생각하는지조차 분명하지 않 다면 대체 무슨 배짱으로 다른 사람을 거절할 수 있겠는가?

2. 성공에 대한 욕망을 자극한다

추구하는 목표에 대해 강한 성공의 욕망을 가지고 있다면 더 쉽게 의지를 끌어올릴 수 있다. 무슨 일을 하더라도 끈기 있게 밀고 나갈 수 있다.

3. 자신감이 있어야 한다

자신감이란 자신의 능력을 믿는 것이다. 자신의 관점을 믿는 것이다. 기어 들어가는 목소리로 말한다면 자신의 주장이 옳은지 그른지조차 확신하지 못하는 것으로 보인다. 자신감은 다른 사람과 평등하게 교류하도록 돕는다. 자신감은 표현의 중요한 동력이다. 자신감이 없다면 거절할 생각도 들지 않을 것이다. 늘 도망 다니기만 하니 거절할 기회조차 갖지 못한다.

4. 구체적인 계획을 세운다

계획도 매우 중요하다. 모든 문제에 대해 분명한 견해와 구체적인 계획이 있어야 한다. 이렇게 하면 배짱이 생기고 당신의 대답을 힘 있게 뒷받침해준다. 계획을 세우지 않는 사람은 다른 사람에게 쉽게 설득 당한다. 그들은 다른 사람을 거절할 밑천도 없고 다른 사람이 당신의 주장을 듣게 할 자신도 없다.

5. 자아를 분명하게 인식한다

자신을 제대로 아는 것은 매우 중요하다. 자신의 가능성을 찾게 하며 모든 문제에 대해 성실하게 대응하도록 한다. 자아를 잃은 사람은 의존증에 걸리기 쉽다. 마음이 강한 사람일수록 더 강하게 자신의 주장을 견지하고 다른 사람에 의해 좌우되지 않는다.

6. 협상 마인드가 있어야 한다

양호한 협상 마인드와 소통 방법이 있다면 다른 사람과 긴밀히 협력하거나 자신의 관점으로 상대방을 설득할 수 있다. 협상을 원하지 않는 사람이라면 아무리 의지가 강하고 자신감이 충만하고 용기가 있어도 아무 소용이 없다. 대부분의 사람들은 성격이 괴팍한 사람과 함께하고 싶어하지 않고 또한 어울리려 하지 않는다.

7. 좋은 습관을 키운다

강한 의지는 습관의 결과다. 끈기 있는 습관은 중요한 시기에 타협하는 걸 막는다. 결정적인 순간에 "아니요"를 외치지 못하는 것을 예방할 수 있다. 실제로 중요한 순간의 거절일수록 그 의미가 더욱 두드러진다.

누구도 내 인생을
책임지지 않는다

● 　　　이 문제에 대해 장 씨는 내게 이런 편지를 보내왔
다. 그녀는 과거 다른 사람에 대한 의존증이 심각했다. 학교 다
닐 때는 선생님과 친구들에게 집에 있을 때는 오로지 부모님 말
씀대로만 살았다. 졸업 뒤에는 상사와 남자친구가 그녀 인생의
방향키가 되었다. 뭐든지 그들이 말하는 대로 했다. 그녀는 거의
모든 부탁을 받아들이며 "아니요"의 '아' 자도 말하지 못했다.
자신에게 필요한 것이 무엇인지, 전혀 승낙할 필요가 없는 부탁
은 무엇인지도 생각하지 않았다.

　그러던 어느 날, 장 씨는 문득 일이 무언가 잘못되었다는 것을

깨달았다.

"남자친구가 온갖 이유를 대며 공무원 시험을 보는 게 어떻겠냐고 하더군요. 부모님도 그의 의견에 동의하셨고요. 그러고 나서 많은 사람들이 제게 일을 넘겼어요. 순간 제 머릿속에는 강한 반발심이 생겼죠. 왜 그들의 말을 들어야 하나?"

장 씨는 태어나서 처음으로 "아니요"라고 말했다. 그녀는 처음으로 자신의 꿈을 보았고 인생의 방향을 찾았다. 미래의 길은 타인에 의해서 주어지지 않는다. 반드시 스스로 만들어가야 한다. 그녀는 언론 쪽에서 일하기로 마음먹고 지금 회사에서 2년간 준비한 다음 광고대행사를 창업할 계획을 세웠다. 그녀는 스스로 충분한 능력이 있다고 믿었으며 자금 준비도 마쳤다.

"공무원이요? 말도 안 돼요. 그건 내가 원하는 게 아니에요. 이건 내가 처음으로 결정한 거라고요. 어떻게 거절해야 할지 가르쳐준 사람은 없었어요. 특히 이렇게 중요한 일에 대해서는 더욱 그렇죠. 누가 이렇게 한 적이 있는지 모르지만, 전 남자친구와 부모님을 이겼어요. 이번에는 아무도 내게 이래라저래라 하지 않았죠. 난 그저 나를 위해 그렇게 했어요. 물론 그들의 '완강한' 만류에 부딪히긴 했지만요."

장 씨는 조용한 사람이었다. 하지만 중요한 문제 앞에서는 주체적으로 행동하는 데에 성공했다. 의존증이 이미 심각하거나 상당한 시간 동안 "네"밖에 몰랐다 해도, 당신 역시 그녀처럼 확고하게 "아니요"라고 말할 수 있다. 스스로에게 질문해보자.

"정말 스스로 주인이 될 수 없는가?" 분명히 "아니요"라고 대답할 것이다. 당신도 충분히 할 수 있다. 장 씨처럼 자신의 입장을 고수하고 계획대로 실천하고 흔들리지 않으면 된다. 피에르는 장 씨가 거둔 승리에 대해 이렇게 분석했다.

"그녀가 어느 순간 거절의 필요성을 인식하고 처음으로 반성의 시간을 가졌기 때문이다. 그녀는 중요한 질문을 했고 잠재의식이 정확한 답을 말해주었다. 그다음으로 중요한 것은 무엇일까? 미루지 않고 당장 행동을 실천하는 것, 이전 모습을 반복하지 않는 것이다."

우리가 스스로 주인이 되지 않으면 우리 마음은 영원히 노예로 전락한다. 우리의 몸과 인생은 타인의 것이 되며 타인을 위해 산다. 우리가 항상 타인에 의존해 자신의 인생을 대신 결정하도록 하면 모든 결정과 행동은 타인의 것이 된다. 당신 인생은 당신 말고는 누구도 책임지지 않는다. 중대한 문제에 대해 다른 사람의 의견을 구할 수는 있다. 하지만 당신 역시 자신의 생각을 가지고 있으며 분명한 계획이 있다는 것이 전제되어야 한다.

내 결정에 방해되는 것은
모두 버려라

●   청소년 대상 상담 활동을 통해 광저우의 한 청소년
으로부터 전화를 받았다. 개학식에서 그는 뒷자리에 앉아 친구
와 떠들고 있었다. 기껏해야 주변 두세 명 정도가 들을 수 있는
정도였다. 하지만 뒷자리에 앉은 여학생이 갑자기 경고했다.
"그렇게 큰 소리로 떠들면 어떻게 하니?"

한참의 시간이 흘렀는데도 그는 그 일을 가슴에 담아두고 있
었다. 그는 일부러 목소리를 더 작게 했고, 친구들은 의아하게
여겼으며 그의 갑작스러운 변화를 이해하지 못했다.

한 친구는 비웃으며 말했다.

"여자아이 하나 때문에 간이 콩알 만해졌구나!"

그는 순간 얼굴이 빨개지고 아무 말도 할 수 없었다.

나는 그에게 심리적으로 나약해진 것이라고 강조했다. 갑작스러운 소리가 우리의 기존 사고방식을 바꾸고 당황스럽게 만들어 결정력을 흔든 것이다. 외부 간섭을 배제하는 것은 매우 중요하고 민감한 일이다. 누구나 살면서 다른 측면과 다른 정도의 간섭을 받는다. 그러므로 우리는 항상 평상심을 유지하고 그 간섭이 우리의 생각과 행동을 좌우하지 못하도록 해야 한다.

1. 어떤 의견을 들을 만한지, 어떤 의견은 좀 더 생각해봐야 하는지 분명히 인식하고 쉽게 타협하거나 흔들리지 말아야 한다.
2. 어떻게 하면 정확한 의견을 들으면서 자신의 원칙을 고수할 수 있는지 생각한다.
3. 간섭을 밀어낼 때는 갈등을 심화시키지 않고 상대방과 좋은 관계를 유지할 수 있는 방법을 찾는다.

이 학생의 문제는 자신이 잘못이 없다는 것을 알면서도 간섭을 받은 것이다. 게다가 그 때문에 심각한 영향을 받아 트라우마에 시달렸다. 여학생에 의해 '통제'당한 행동 패턴이 생겼고, 이는 자아를 잃었음을 의미한다. 때로 우리가 일상생활에서 받는 선의의 알림과 같은 간섭은 잘못이 아니다. 하지만 무분별하게 받아들인다면 문제가 된다. 전체적인 계획을 세워 간섭을 배제할 필요가 있다. 유지와 타인의 요구에 영향을 미치는 이성적 판단은, 앞서 설명한 바와 같이 목표가 명확한지 여부가 핵심이다. 어떻게 간섭을 배제하고 의지의 자유를 표출할 수 있을까?

1. 업무와 무관한 간섭은 멈춘다

일과 무관한 목소리라면 배제해야 한다. 열심히 일할 때는 마음의 문을 닫아야 한다. 생각의 힘을 모아 관련 업무에 집중하도록 한다. 기타 모든 정보와 무관한 것은 생각의 대상이 되지 않도록 해야 한다. 그렇지 않으면 결정력을 방해하게 된다.

2. 어떤 일을 처리할 때 무관한 사람의 관심을 거절한다

특히 그들이 비전문적인 의견을 제시할 때 더욱 거절이 필요하다. 그들의 결정력은 주변 사람의 영향을 받으며, 틀린 의견이 선택을 바꾸고, 그는 거절할 힘이 없다. 많은 사람들의 의지는 무관한 사람에 의해 좌우되며 이것이 바로 한 사람의 불행으로 이어진다. 전문적 의견을 듣고 무관한 정보의 침해를 거절하는 것은 업무 처리에 있어서 반드시 해야 하는 것이다.

3. 시시한 이야기가 한 가지 일에 퍼지는 것을 거절하다

어떤 결정을 할 때 난잡하고 근본 없는 정보가 갑자기 당신의 판단에 영향을 미치지 않게 멀리해야 한다. 그것이 당신의 주장을 바꾸도록 해서는 안 된다. 증거가 부족한 말에 대해서 신경 쓰지 말고 영향을 받지 않는 태도로 대해야 한다.

4. 자신의 의지와 계획대로만 앞으로 나아간다

통제를 잃은 원인이 무엇인지 생각해본 적이 있는가? 일할 때 늘 계획 없이 진행했는가? 자신의 세계에 대해 미리 짐작하고, 완성도 있는 계획을 세우고, 계획대로 추진한다면 미래에 대한 불안감은 사라질 것이다. 주변 사람들에 의해 의지가 꺾이지도 않을 것이다. 다른 사람의 입장을 듣거나 대중이 하는 대로 따라하지 않고 주체적으로 자신의 계획을 실천하게 될 것이다. 이렇게 하면 간섭을 배제할 수 있고 내면의 자유를 마음껏 펼칠 수 있다.

남의 결정에만 따르는 것은
나에게 죄를 짓는 것

● 사실 '중요한 문제는 무엇인가?'이 간단한 문제에 대해 사람들은 쉽게 답을 찾지 못한다. 그래서 늘 터무니없는 실수를 저지르곤 한다. 월스트리트에서 일하는 메크는 십여 년간의 투자 대행과 주식 업무 경험 덕분에 주식 투자자들이 어떻게 치명적인 실수를 저지르는지 잘 알고 있다. 중요한 문제에서 결정권을 고스란히 내주고 지배당하는 것이 문제다. 그는 사람(투자자)은 반드시 자신과 자신의 시스템을 철저히 이해해야 한다고 생각한다.

"왜 많은 투자자들이 기본적으로 바람직한 거래 전략을 세우지 않을까요? 왜 잘못된 의견을 듣고도 거절할 줄 모르고 오히려 기쁘게 불구덩이 속으로 뛰어들까요? 사실 자신의 전략에 서툴러서 자신을 이해하지 못하고 시장도 잘 알지 못하는 거예요.

제가 브로디 씨를 '슈퍼 투자자'라고 부르는 이유는 그가 회사의 대주주이기 때문이에요. 매년 제게 맡기는 자금이 수천만 달러에 달하죠. 하지만 그는 투자 시장에 대해서는 전혀 알지 못했어요. 우리는 모두 그를 좋아하죠. 설득하기 아주 쉽거든요. 투자 의향이 분명치 않은 어떤 주식에 대해 그는 늘 손을 휘저으며, '아휴, 알아서 하세요!'라고 말하죠."

브로디는 보스턴에서 PVC 제품 공장을 경영하고 있었으며 매년 이윤이 상당했다. 그는 여유 자금 전부를 메크에게 맡기고 기금, 주식 등 이윤이 발생할 수 있는 모든 재테크 상품 매입을 메크가 관리하도록 했다. 하지만 모든 투자가 다 이익을 보는 것은 아니었다. 사실 정말 돈을 버는 투자는 3분의 1에 불과했다. 하지만 브로디는 개의치 않았다.

그는 메크를 믿었다. 그것이 치명적인 실수였다. 브로디는 추가 투자 여부의 결정은 이 돈의 수익자인 내가 하는 것이 아니라 그 스스로 해야만 한다는 것을 간과했다. 브로디는 투자에 대한 개념이 부족했고, 그가 이미 투자 원칙을 위반한 것도 모르고 있었다. 사람들이 중요한 사안을 메크와 같은 타인에게 위탁하는 이유는, 그들이 시장에 대해 잘 모르고 자기 자신에 대해 잘 이해하지 못하기 때문이다. 문제가 생겼을 때 우리는 배짱을 부리며 타인을 거절한다. 그러고는 중요한 업무를 모두 스스로 결정하면시 자신의 능력을 올리려고 한다. 인생의 성패는 모두 자신에게 달려 있다. 다른 사람에게 있는 것이 아니다. 운명을 다른 사람의 손에 맡긴다면 설령 타인을 거절한다고 해도 그것이 무슨 의미가 있겠는가? 당신은 여전히 '거절의 권리'가 무엇을 의미하는지 알지 못할 것이다. 아무런 도움이 되지 않는다.

중요한 원칙만 고수하고 정확한 방법을 사용하는 인재는 최대한 자신의 생활을 통제하여 자기 세계의 주인이 될 수 있다. 다시 말해, 당신은 자신에게 지지 않기 위해 반드시 먼저 자신을 이해해야 한다. 그러고 나서 정확한 방법을 파악해야 한다. 이때 잘못된 계획이 당신을 실패로 유도할 때, 당신은 신속하게 피하고 또다시 시도하지 않을 수 있다. 방법은 두 가지이다.

1. 중대한 결정권을 타인에게 넘기는 것은 자기 자신에게 죄를 짓는 것이다

인생에서 가장 중요한 일은 반드시 우리 스스로 결정해야 한다. 하지만 현실에는 꼭 자기를 속이고 남을 속여, 입을 열 때 권리를 타인에게 내주는 사람들이 있다. 그들은 어떤 정보도 원치 않으며 스스로 결정하기를 원하지 않는다. 자신에게 죄를 짓는 것이자 자기 인생의 가치를 무시하는 행동이다.

2. 냉정하고 꿋꿋한 태도는 매우 중요하다

오랜 기간 상담을 해오면서 감정을 통제하는 것이 얼마나 중요한지를 항상 강조한다. 대부분 사람들의 소통 과정에서 이성적이지 못하고 감정적인 결정을 유발하는 주요한 원인은 감정을 통제하지 못하기 때문이다. 이는 사람들이 홧김에 잘못된 요구에 굴복하는 동기 중 하나이다.

우리는 때로 일상생활과 직장생활에서 순간의 감정에 기대어 중대한 의미가 있는 결정권을 타인의 손에 맡기려는 충동이 강해질 때가 있다. 이때가 바로 우리 인생에서 가장 중요한 순간, 즉 성공한 사람과 실패한 사람의 분수령이 되는 순간이다.

사람들과 있으면 왜 두려울까?

●

평생 타인의 그림자 속에서 살 수는 없다.

자아의식을 다시 세우고

자신감을 채우며 자신의 내면에 주목하면 된다.

타인의 눈을 너무 의식하지만 않는다면

대인 기피는 저절로 해결된다.

낯선 사람만 만나면
빨개지는 얼굴

●   저우 씨는 젊은 나이에 잘나가는 벤처기업의 고위 임원에 올랐다. 연봉은 80만 위안에 달했으며 베이징에 집도 가지고 있었다. 주변 사람들 눈에 그의 사업은 나날이 발전하는 것처럼 보였고 전망이 밝아 보였다. 자신의 능력으로 적의 포위를 뚫고 나아가는 모범적인 청년이었다. 하지만 그에게는 한 가지 큰 결점이 있었다. 바로 사람을 만나면 얼굴이 빨개지는 것이다. 특히 낯선 사람이나 예쁜 여성을 만났을 때 더욱 그랬다.

참으로 난감한 일이 아닐 수 없다. 마치 신체의 사교 메커니즘에 큰 문제라도 생긴 것 같았다. 여자와 대화하는 생각만 해도 까닭 없이 긴장이 되었다. 갑자기 부탁을 받으면 긴장감을 푸는 데만 지나치게 신경을 쓰다 보니 그 자리에서 거절하기가 힘들었다.

이들은 출중한 능력을 가지고 있지만 수줍음이 많은 성격이다. 이 때문에 사람들과 잘 어울리지 못해 그들의 넘치는 재능이 잘 알려지지 않았다. 그들은 동성이든 이성이든 사람들 앞에만 서면 능력을 마음껏 발휘하지 못해서 오해받기 일쑤였다. 또 평소에는 내성적이지만 집에서는 수다쟁이인 사람도 있다. 하지만 다시 사람들이 모인 장소에만 가면 꿀 먹은 벙어리가 되었다.

수줍음은 인간관계에서 흔히 나타나는 정상적인 반응이다. 우리가 젊었을 때(첫사랑)도 얼굴이 빨개지는 일은 늘 있었다. 하지만 대부분 시간이 지나면서 습관이 되고 나이가 많아지고 경험이 늘어나면서 이러한 상황이 점차 사라진다. 성공한 사람에게서는 잘 볼 수 없다. 아무리 출중한 능력을 가지고 있어도 잘 거절하지 못하는 원인 중 하나가 바로 이것이다. 수줍음은 다음과 같이 나타난다.

1. 자신감이 부족하기 때문에 자신에 대한 타인의 평가에 집착하고 타인 앞에 내보이는 행동에 지나치게 신경 쓴다. 얼

굴이 빨개졌을 때 난처함을 느끼지만 피할 수 없다.

2. 다른 사람이 그 일로 따질까 봐 겁낸다. 더는 부끄러워하지 않길 바라지만 이미 찰거머리처럼 달라붙어 마음의 병이 되었다.

3. 사람들과 함께 있기만 하면 얼굴이 빨개질까 봐 걱정한다. 이 때문에 다른 실수까지 저지를까 걱정하는 바람에 소통하고 표현하는 용기에 영향을 받는다. 소통 시간이 길어지면 대뇌의 해당 부분에서 이미 정해진 고정 흥분점이 형성되어, 사람을 만나 교류하는 분위기에 들어서기만 하면 얼굴이 화끈거리고 불안해지며 초조해진다.

4. 만약 누군가 당신에게 왈가왈부하거나 비웃으면 더 긴장되면서 '적면공포증'이 생긴다.

이런 현상이 생기는 심리적 원인은 무엇일까? '적면공포증'을 가진 사람의 인체 내에서는 24시간 내내 심리적 싸움이 일어난다. 서로 다른 두 '자아' 간의 전쟁이다. 그중 하나의 '자아'는 수줍어하고 유약한 것으로, 어떻게 거절하고 극복해야 할지 모른다. 또 다른 '자아'는 이러한 국면을 바꿔보려고 노력하고 대뇌를 압박해 잘못을 고쳐보려 하고 상황을 개선하고자 한다. 이 둘의 싸움과 공격은 항상 승패가 나지 않는다. 그리고 이러한 갈등 속에서 사교에 대한 공포와 두려움이 나타난다. 일단 공공장소에 서면 정신이 혼미해지고 어떻게 타인의 요구를 대해야 할지 몰라 난감해한다.

그들은 삶에 지쳐 있다. 사교 역시 부담스러운 일이다. 그들은 다른 사람과의 긴 대화를 피하기 위해서 상대방이 부탁하자마자 그 자리에서 성급히 승낙해버린다. 거절하고 싶지 않다거나, 거절할 줄 모르는 것이 아니라 소통의 과정을 견딜 수 없는 것이다. 소통의 용기와 기술이 부족한 탓에 내린 어쩔 수 없는 결정이었다. 그들은 대인기피증과 강박증이라는 심리적 장애를 동시에 가지고 있다. 이러한 상황은 종종 그 사람의 성격, 습관과 관계가 있다. 그들은 보통 예민하다. 그리고 자신의 이미지에 신경을 곤두세운다. 어떻게 하면 사람을 만나도 얼굴이 빨개지지 않을 수 있을까?

1. 자신감을 기른다

어쨌든 자신감을 기르는 연습은 필요하다. 자신감이 없으면 무슨 일을 하더라도 기대한 만큼의 효과를 볼 수 없다. 특히 쉽게 얼굴이 빨개지거나 사람과 어울리는 자리를 피하기 위해 부당한 부탁을 들어주는 사람은, 대부분 자신의 소통 능력과 이미지에 대해 자신감이 부족하며 심각한 열등감에 시달리고 있다. 그러므로 자신감을 기르는 것이야말로 첫 번째로 할 일이다. 열등감을 극복하면 다음 단계로 순조롭게 진입할 수 있을 것이다. 그렇지 않다면 무슨 방법을 써도 아무런 효과를 기대할 수 없을 것이다.

2. 심호흡을 한다

곧 긴장하게 될 것이라고 느껴질 때는 여러 번 심호흡을 한다. 규칙적으로 한 번에 10초 이상 유지한다. 이렇게 하면 긴장감도 해소되고 자신을 표현할 용기도 생긴다.

3. 자신에게 계속 안정감을 준다

긴장감을 느낄 때 즉시 책이나 펜과 같은 물건을 쥐는 방법이 있다. 이렇게 하면 주의력이 분산되고, 그것이 습관이 되면 안정감을 느낄 수 있다. 이러한 습관은 하나의 인체 신호가 된다. 체내 반응 메커니즘이 확립되면 긴장 상태의 발생을 크게 줄일 수 있고 돌발 상황에 대해 차분하게 대처하도록 도와준다.

여럿이 모인 자리에서
순발력이 생긴다

●　　　　월 스트리트의 한 펀드회사에서 책임자로 일하고
있는 친구는 매우 조용하면서도 괴팍한 성격의 '성공한 인사'
이다. 나는 7년 동안 우정을 쌓으면서 그가 외부의 초대에 대해
"죄송합니다"라고 응답하는 걸 몇 번이나 봤는지 모른다. 사람
들은 끊임없이 그를 모임에 초대했고 그는 줄기차게 거절했다.
하지만 이러한 거절은 우리가 권장하는 거절은 아니다. 그가 거
절한 것은 사실 행복으로 가는 길이기 때문이다.

"한 고객이 자꾸 식사에 초대하는데, 벌써 이번 달에만 아홉
번째야. 물론 고맙고 기쁘지. 처음으로 사교 모임에 들어가볼까

하는 생각이 강하게 들더군. 생각해보니 4개월 넘게 이런 사적인 모임에 나가지 않았더라고. 그는 우선 식사를 하고 시내의 바에 가서 한잔하자고 하더군. 그러겠다고 했지. 그런데 약속 두 시간 전에 다른 친구 몇 명이 더 나온다는 거야. 그 말을 듣고는 갑자기 흥미가 사라지고 몹시 불안해졌어. 심장이 빠르게 뛰기 시작했고 나갈 마음이 전혀 들지 않았어. 알잖아? 내가 낯선 사람과 악수하고 여럿이 시끌벅적한 곳에 있으면 긴장하는 거."

이 초대에 어떻게 대응해야 할지 곰곰 생각해보았지만 그는 좋은 해결 방법을 찾아내지 못했다. 결국 어쩔 수 없이 다시 한 번 고객의 호의를 거절해야 했다. 그는 마음 깊이 자리 잡은 공포에 또다시 굴복하고 말았다.

"그날 어떻게 보냈어?"

"혼자 집에 있었지. 배달 시켜서 저녁 먹고 신문 보고 침실로 가서 곯아떨어졌어. 그날 이후 그 고객은 다시는 나를 식사나 다른 어떤 모임에도 초대하지 않더군."

20년 전 내가 막 열심히 일하기 시작했을 때가 생각났다. 얇은 월급봉투와 값싼 아파트, 무미건조하기 짝이 없는 생활 리듬. 나는 매일 스케줄을 꽉꽉 채워놓고 일분일초를 아껴서 일에만 몰두했다. 그리고 어떤 사교활동이나 모임에도 나가지 않았다.

친구가 전화를 걸어 초대할 때마다 나는 늘 말했다.

"바쁜 거 잘 알잖아?"

"그렇게 매일 일만 하다가는 언제 해가 뜨고 지는지도 모르겠어."

그렇다. 열심히 일하기 시작한 초기에 사람들은 대체로 떠들썩한 곳을 피한다. 따뜻한 햇볕이 내리쬐여도 아름다움을 느낄 새도 없다. 그들은 모든 정신을 일에 쏟으며 한시도 긴장을 늦추지 않는다. 조금이라도 성과를 이룬 뒤에는 외부 세계로 빠져나와 평범한 생활을 이어갈 수 있었지만, 어떤 이들에게는 이 시기에 '이미 조용한 것에 적응하여 외부의 소란스러움에 대처할 수 없는' 나쁜 습관이 생기기도 한다.

이런 사람들에게 새 친구를 사귀기란 매우 어려운 일이다. 나와 그는 깊은 우정을 쌓았지만 그와 낯선 사람은 전혀 그렇지 않다. 이렇게 된 것은 그의 마음속에 악마가 숨어 있기 때문이다. 언어 표현의 어려움과 결정 장애 때문에 그는 사람들과 어울리는 데 심한 불안을 느꼈다. 낯선 사람의 부탁에 어떻게 응해야 할지 도무지 알 수 없기 때문이다.

마음을 여는 것이 쉬운 일은 아니다. 그렇다고 평생 빛이 들지 않는 구석에 숨어 있을 수만은 없다. 한 번에 안 되면 두 번 세

번 해보면 된다. 새로운 생활에 적응하고 만족할 때까지, 이렇게 새로운 습관을 만들면 되는 것이다.

사람들은 왜 떠들썩한 분위기를 좋아할까? 떠들썩한 분위기에서는 사람들과 어울리는 연습도 하고 복잡한 상황에 대처하는 순발력을 향상시킬 수 있다. 짧은 시간 안에 상대방의 의도를 파악하고 가장 적절한 판단을 할 수 있게 돕기도 한다.

지금 바로, 한 발만 움직여도
인생이 확 달라진다

●   왜 나가야 할까? 만약 집에만 있고 밖에 나가지 않아 실제로 아무하고도 접촉하지 않으면서 소통과 교류할 때의 약점을 발견하고 자신의 장점을 강화한다면, 영원히 자신하고만 대화할 수밖에 없다. 그러므로 열등감과 나약함을 이겨내려면 사고를 단순하게 하라. 자기 방어의 상태에서 빠져나와 직접 소통과 교류를 경험하고, 자신의 '교류 전략'과 '거절 메커니즘'을 바꾸어야 한다. 회피한다면 당신은 영원히 타인과 어울리지 못하게 될 것이다.

어렸을 때부터 지금까지 쑨 씨의 세계는 마치 백지처럼 간단하다. 그는 많은 친구를 사귀지 않았고 가족과도 많은 대화를 나누지 않았다. 그의 아버지는 그가 집에 오면 서재에서 책만 볼 뿐, 누구와 통화를 하는 일도 드물다고 말했다. 부모님이 대화를 청할 때마다 그는 한결같이 이렇게 말했다. "책 봐야 해요."

회사에서는 어떨까? 그의 상사 애드워드는 이렇게 평가했다. "정말 이상한 사람이죠. 무얼 하라고 시키면 그대로 해요. 반대 의견을 내는 법이 없죠. 엄청 말을 잘 듣고 복종하는 것 같지만 창의력은 부족해요. 능동적이지 않고 업무 성과 효율도 낮아요. 그래서 고객 평가는 언제나 엉망이죠. 고객들은 그가 적극적으로 소통하지 않고 건설적인 의견을 주지 않는다고 불만이에요."

쑨 씨에게는 여자친구가 없다. 미국에 있을 때 몇 번 소개팅을 한 적은 있지만 모두 실패로 끝났다. 그에게 소개팅은 결코 쉬운 일이 아니었다. 카페에 앉아 상대방을 만나기 전부터 쑨 씨는 이미 마음이 불편해졌다. 5분이 지나자 식은땀이 흐르기 시작했고 상대 여성이 문을 열고 들어올 때쯤엔 이미 온몸이 땀으로 흠뻑 젖어 있었다.

그 뒤에 일이야 불 보듯 뻔하다. 여성은 한눈에 그가 별로라고 느꼈다. 며칠 지나지 않아 그에 대한 소문이 쫙 퍼져 누구도 그와 소개팅을 하고 싶어 하지 않았다.

쑨 씨는 외부의 세계에 대해 철저히 회피하며 자신의 단점인 '수줍음'을 내면 깊이 감추려고 했다. 그에게 삶은 이미 가치를 잃었다. 삶은 즐기는 것이 아니라 시달리는 것이 되어버렸다. 때문에 그는 전혀 바깥세상으로 나가고 싶어 하지 않았다.

이런 유형의 사람들의 성격은 내성적이며 열등감을 가지고 있는 경우가 많다. 대체로 그들은 타인에게 거절당할 것을 두려워하거나 자신에 대한 이미지와 말투와 태도에 자신이 없다. 그리고 어떻게 타인을 상대하고, 자신의 '영역'을 지켜야 할지 잘 모른다. 이러한 사람들은 대부분 혼자 있는 것을 좋아하고 실패한 과거의 경험을 머릿속에서 지우지 못하곤 한다. 그러므로 사교나 협상에 대해 부정적이며 회의를 가지고 있다.

이러한 상태에서 방문을 닫고 커튼을 치면서 삶이나 다른 사람과 먼 거리를 유지하는 방법 등을 터득하게 되었다. 하지만 그럴수록 상황은 더욱 심각해졌다. 해결 방법은 단 하나, 바로 이 당황스럽고 어찌할 바 모르는 환경에서 일단 나오는 것이다. 그리고 스스로 실전에 뛰어들어 넘어지고 부딪히면서 자신의 자리를 찾는 것이다. 인생의 많은 일들이 그렇다. 한 발자국도 움직이지 않고 침대 구석에 걸터앉아 푸념만 늘어놓는 것이 아니라, 행동에 옮겨야만 방법을 찾을 수 있다.

하지만 아무런 준비 없이 첫발을 떼는 것은 위험하다. 용기도 물론 중요하지만 용기만 가지고서는 사태를 더욱 위태롭게 만들 수 있다. 이미 수많은 '참혹한' 사례가 이를 증명해주었다. 용기만 가지고 낯선 장소에 뛰어들어 자신의 사교성을 키워보려던 사람의 최후는 대부분 실패로 끝난다. 그들은 만신창이가 되었고 오히려 더 나약해졌다. 그들이 막 내디딘 두 발은 더욱 움츠러들어 과거보다 더 과묵하게 자신을 방에 가두었다.

문을 나서기 위해 고려해야 하는 방법은 다음과 같다.

1. 주변에서 가장 신뢰할 만한 사람과 많이 소통한다

표현하는 기술을 배우는 등 그들에게 교훈과 경험을 얻어, 인간관계에서 자신을 보호하는 방법을 터득하고 어떤 요구가 자신에게 피해를 주는지 분별한다.

2. 우선 자신의 심리 상태를 조절한다

편안한 마음을 가지고 사람과 사람 사이의 교류를 진심으로 이해한다. 자신에 대한 환상이 아닌 있는 그대로의 현실을 존중하고, 받아들이고, 개조하는 데 초점이 맞춰져야 한다는 사실을 깨닫는다.

3. 끊임없이 자신을 격려한다

지난 일주일 동안 자신이 한 모든 행동을 생각해본다.

"말을 잘못하지 않았나?" "소통하면서 용기를 잃었나?" "중요한 시점에 말하지 못한 적이 있었나?" 그리고 왜 이러한 행동이 나타났는지 분석하고 전략을 조정하여 다음을 위해 준비한다.

남들은 당신을 생각보다
더 좋게 보고 있다

•   만약 정말로 자신이 무엇을 해야 할지 잘 모르겠다면 한걸음 물러서자. 각도를 바꿔보면 난처한 문제를 생각해볼 수 있다. "그래. 너무 긴장했어. 그가 두려워. 서로의 관계를 깨고 싶지 않아. 이 일은 정말 어려워! 그런데 상대방이라고 마음 편하겠어? 그도 나처럼 전전긍긍하고 뜨거운 가마 속 개미처럼 허둥대고 있겠지?" 상대방을 우러러보던 것을 이 한걸음을 통해 똑바로 보도록 바꿀 수 있다. 이는 긴장감을 최대한 낮춰, 당신이 여유롭게 대처할 수 있도록 도와준다.

대학 졸업 파티에서 평소 말이 없던 헬렌은 졸업생을 대표해 처음으로 교단에 올라가 발표를 하게 되었다. 그녀는 득의양양했다. 하지만 한 가지 뜻밖의 일이 인생을 바꾸어놓았다. 연단으로 나가다가 계단에 걸려 넘어져 강당은 순식간에 웃음바다가 된 것이다. 언제나 자신의 이미지에 신경을 많이 쓰던 헬렌은 무의식중에 몸을 일으켜 세우고, 침착한 척하며 연단으로 올라가 연설을 시작했다. 하지만 연단에서는 또 한 번 시끌시끌해졌다. 그녀가 실수로 선생님의 이름을 잘못 말한 것이다.

몇 년 후 직장생활을 하게 될 때까지 헬렌의 마음속에는 여전히 그때의 악몽이 남아 있었다. 특히 특정 장소에 나가기 전에는 자기도 모르게 초조해졌고 자신의 언행을 통제할 수가 없었다. 마치 갑자기 자아를 상실한 것처럼 주관도 없고 두서도 없었다. 며칠 전 회사에서 큰 회의가 열렸고, 상사는 헬렌에게 부서 대표로 이사장에게 보고하라고 지시했다. 입을 떼자마자 헬렌의 목소리는 떨리기 시작했고 긴장할수록 말이 나오지 않았다. 이 일로 헬렌의 직장생활은 암울해졌다.

그 불명예스러운 경력은 헬렌에게 심각한 트라우마를 남겼다. 그날 이후 그녀는 벗어나고 싶었지만 도무지 어디에서부터 시작해야할지 막막했고 적절한 방법을 찾을 수 없었다. 게다가 평소 말이 없고 누구에게도 고민을 털어놓지 않는 성격은 그녀의 사교성 문제를 더욱 악화시키는 원인이 되었다.

헬렌의 이러한 상황은 입장을 바꾸어 생각해보거나 우월한 심리를 확립한다면 달라질 수 있다. 예컨대, 연단에 올라가 연설을 했을 때 자신이 연단 아래 앉아 있던 학생이었다면 어땠을까? 가정해보는 것이다. 분명 부러움을 안고 연단 위에 선 자신을 바라보았을 것이다. "저것 봐, 정말 멋있다! 나에게도 연단에 올라가 연설할 수 있는 기회가 있었다면……" 큰 회의에서 보고하는 것도 마찬가지다. "긴장은 되지만 이런 기회를 가지지 못한 동료들은 분명 나를 부러워하겠지? 긴장해야 할 사람은 바로 그들이라고!" 이런 태도로 임한다면 여유를 되찾을 수 있을 것이다.

그러므로 한발 뒤로 물러서기 전략을 통해 진실하게 상대방을 분석하고, 당신과 타인이 다른 점을 객관적으로 바라보아야 한다. 헬렌이 이 한발의 실질적인 의미를 이해하려면, 열등감을 느끼는 원인이 사실 자신에 대한 요구가 지나치게 높아서이지, 실제로 할 수 없기 때문이 아니라는 사실을 깨달아야 한다. 스스로에게 모든 일을 완벽하게 하도록 요구할 수는 없다. 일은 순리에 맡겨야 한다. 그래야 마지막에 좋은 결과를 얻고 트라우마에서 점차 빠져나와 자신감과 결단력을 되찾을 수 있다.

내가 가장 싫어하는 사람이
나를 구원한다

●　　　　　어떻게 강력한 장애물을 공격할 것인가? 과녁을 하나 세운다. 꼴도 보기 싫고 어울리고 싶지 않으며 어떤 소식도 알고 싶지 않은 그런 사람이라고 하자. 그는 당신을 두렵게 하고, 탄복하게도 하며, 공포에 떨게 하거나, 싫어하게 할 수도 있다. 그렇다면 당신은 그를 배우고 먼저 다가가야 한다. 그와 교류하며 그의 소식과 그림자 모두 당신의 생활에 묻어나게 하고 심지어 모든 순간 그에게서 벗어나지 않아야 한다. 그를 만나도 아무렇지 않아질 때까지 그에게 적응해야 한다. 이것은 당신 내면에 숨겨진 가장 강력한 마음속 적에 대해 공격하기 시작했음

을 의미한다. 일단 공격을 시작하면 당신은 완벽한 승리를 거둘
수 있다.

주 씨에게는 보고 싶지 않고 그래서 자꾸 피하게 되는 사람이
있다. "그는 어떤 사람인가요?" 내 물음에 그는 한참 생각했다.
사실 이미 답은 나와 있지만 계속 회피하고 있다.

"회사의 재무부 부매니저 제니예요. 제가 가장 두려워하는 사
람이죠. 전 정말 마주치고 싶지 않아요. 그녀를 피한 지 벌써 2,
3년이나 되었어요. 스쳐 지나면서 느껴지는 그녀의 눈빛조차 두
려워요. 그녀를 마주칠 때마다 마치 칼에 맞은 것처럼 며칠 동안
정신을 차릴 수가 없어요. 그녀를 마주칠까 봐 회사의 그 어떤
모임에도 참여할 수가 없어요. 이런 마음 때문에 다른 초대에도
가고 싶지 않아요. 그저 집에 숨어서 혼자 맥주나 마시는 거죠."

"왜 그녀가 두려우세요?"

다시 묻자, 그제야 속사정을 들려주었다. 3년 전 그와 제니는
서로 좋아하는 사이였다. 당시 제니는 승진하기 전이어서 재무
부의 평범한 사원이었다. 두 사람은 서로 깊이 사랑했다. 뉴욕에
집을 얻어 동거를 시작했다. 제니는 서로 부모님께 인사를 드리
고 결혼식 날짜를 잡자고 재촉했다. 하지만 주 씨는 뒷걸음쳤다.

"저는 아무런 준비도 되어 있지 않고, 아직 결혼할 때가 아

니라고 생각했어요. 일도 막 시작했기 때문에 별다른 성과가 없었거든요. 경제적으로도 안정되지 않았고 모아놓은 돈도 없었어요. 미래도 확신할 수 없었죠. 미국에 남을지 중국으로 돌아갈지도 결정하지 않은 상태였으니까요. 여러 요인들이 복잡하게 얽혀 있는 상태에서 그냥 헤어지기로 결성했죠."

"그녀를 거부한 건가요?"

"그렇죠. 그녀의 청혼을 거절했어요." 주 씨는 힘들게 말을 이어갔다. "헤어진 후 저는 제가 엄청난 잘못을 저질렀다고 느꼈어요. 착한 여인의 마음을 저버린 것이 수치스러웠죠. 그때부터 저는 다른 사람에게 "아니요"라고 말할 수 없게 되었어요. 사람이 많이 모인 곳에는 되도록 가지 않았죠. 물론 제니도 피하고 있고요. 그녀가 저를 보는 눈빛은 경멸로 가득 차 있으니까요. 앞으로 어떻게 되든 그건 모두, 운명이 저에게 내린 벌이죠."

나는 그가 먼저 제니에게 다가가 함께 식사하는 약속을 잡도록 했다. 그는 제니와 엉킨 매듭을 풀고 서로 용서하거나 아니면 재결합을 해야 한다. 어느 경우든, 그는 반드시 마음속 트라우마를 없애야 한다. 사실 그가 첫 번째 발을 내디딘 후 제니와의 관계는 개선되었다. 2개월 뒤에는 정상정인 생활을 점차 회복해 다시 모임에 활발하게 참여할 수 있었다.

평소 당신과 가장 안 맞는 사람을 당신의 구원자로 삼아야 한다. 이것은 절묘하고도 아주 빠르게 효과를 볼 수 있는 방법이라는 사실을 믿어야 한다. 우리는 셀 수 없이 많은 실험 중 그 신기하고도 기묘한 효과를 직접 확인했다. 당신이 그 사람에게 한발 다가서며 한마디를 꺼내는 순간, 놀랍게도 자신의 마음속 '악마'로부터 점점 멀어지고 있음을 발견하게 될 것이다! 당신은 온몸에 땀이 흐를 것이다. 하지만 그것은 긍정적인 에너지의 발산이다. 당신의 발걸음은 가벼워질 것이다. 이것은 당신이 새롭게 시작하기 때문이다.

사람은 살면서 어떤 중요한 관계를 해결해야만 할 때가 있다. 그중 가장 중요한 관계가 바로 자기 내면과의 관계이다. 이 관계를 정확하게 해결해야만 그의 일생이 진정한 행복을 얻을 수 있다. 하지만 자아 조절 능력이 부족하다거나 내면과의 관계가 매우 복잡하다면, 내면에 자물쇠를 걸어 잠그고 마음을 어두운 감옥에 가두게 된다. 분명 자신이 능력이 있다는 걸 알면서도 감히 표현하지 못하고 잠재력을 발휘하지 못한다. 시간이 흐르면 결국 인격 자체가 삐뚤어지고 만다.

나는 대인기피증 여부와 상관없이 누구에게나 자신에게 가장 두려운 대상(가장 이상적인 것은 감탄할 만하며 두려운 사람)이 필요하다고 생각한다. 그리고 운동선수처럼 계속 그에게 가르침을 청하는 동시에 계속 그에게 도전하며 지혜를 넓히다 보면, 의지를 향상시킬 수 있다. 당신보다 강한 사람이거나 당신을 부끄럽게 하는 사람이라도 모두 효과를 볼 수 있다. 이렇게 하면 나약한 심리를 극복하여 사신감을 강화할 수 있다. 강자에 대한 도전과 학습을 통해 강자 기질을 강화할 수 있다. 나약한 심리를 극복하고 덩달아 자신감도 강해진다.

이런 방법을 통해 그의 전문성을 주의 깊게 경청할 수 있다. 당신을 두려움에 떨게 하는 사람은 분명 성공한 사람일 것이다. 그는 당신이 지니지 못한 견문과 능력을 갖추고 있다. 그에게 배움으로써 성공을 향해 가는 길을 단축할 수 있다. 당연히 긍정적인 효과다.

그 밖에 많은 혜택이 있다. 예컨대 훌륭한 모범이 되어 목표를 세울 수 있게 한다. 자신의 단기 또는 장기적인 인생 단계에서 종착점을 찾은 것처럼, 당신에게 인생의 꿈을 정해준다. 또한 당신의 주의력을 분산시켜(감정을 걱정이나 공포에 머무르지 않도록) 흥미와 취미에 집중하도록 하여 업무 능력을 향상시킨다. 이는 우리의 인생 전체에 이익을 가져다준다.

사람을 만나는 일에도
연습이 필수!

● 　　거절도 반복해서 연습해야 한다. 정확한 해결 방법
을 찾았다고 해서 거절하거나 긍정하는 용기가 생겼다는 의미
는 아니기 때문이다. 자신에게 적합한 방법을 꾸준히 실천하면
서 반복해서 연습해야 한다. 마치 마라톤과 같다. 결승선까지 뛰
는 과정은 매우 길다. 마라톤을 하는 긴 시간 동안은 한시도 한
눈팔지 않고 '두려움'이 튀어나오지 않도록 경계해야 한다. 연습
하는 과정에서 끊임없이 자신에게 말해야 한다. 타인과의 교류
나 거절에 대한 두려움은 이겨낼 수 있다고. 일주일에 한 번 반
복해서 연습하는 과정에서, 사람과 사람과의 교류 방식과 마음

의 느낌을 정확히 인식하여 필요한 방법을 터득한다.

타인과의 교류에 두려움을 일으키는 요인을 철저하게 찾아내기 위해 우리 마음 깊은 곳에 숨어 있는 근원을 찾아내야 한다. 이 반복 연습에는 두 가지 방법이 있다.

1. 가상 공간에서 타인과의 교류에 대해 공포심을 일으키는 장소와 형식을 연습해본다. 예컨대 언제 말문이 막히고 자신의 관점을 말하지 못했는지, 위엄 있는 상사 앞에서인지 아니면 불편한 친구 앞에서인지. 이러한 상황을 다시 설계해보고 자신을 그 안에 넣은 뒤, 같은 상황이 발생했을 때의 대응 계획을 반복해 연습한다. 난처한 순간에 용감하게 맞서는 자신을 계속 격려하며 초조와 긴장감이 발생하는 환경에 적응한다. 정상적인 방법이 습관이 되어 자신의 본능에 녹아들게 한다.

2. 현실 상황의 강박 용법도 있다. 나는 주 씨와 헬렌에게 차가 많이 다니는 큰길에 서서 낯선 사람에게 먼저 인사를 건네보라고 조언했다. 적응되고 나면(긴장감도 느끼지 않고 얼굴도 빨개지지 않을 때) 낯선 사람이 참석하는 모임(비즈니스 성격이나 개인 친목 모임도 무관)을 다시 선택한다. 모임에서 자신의 관점(반드시 다른 사람과 다른 의견이어야 한다)을 밝히고 적절

한 거절 훈련(상대방의 입장에 동의하는 것을 거절하고 상대방을 설득하도록 노력한다)을 진행한다. 이렇게 하면 두려운 정서를 빨리 이겨낼 수 있다. 매번 훈련이 끝난 뒤 다음 날 하루는 편히 쉬게 한다든지, 자신에게 적절한 포상을 진행한다.

타인과의 교류에 대해 두려움을 검사해보자. 자신에게 이 세 가지만 물어보면 된다.

1. 남들 앞에 있다는 이유로 부끄러워하거나 쑥스러워했나? 상대방과 대화하지 않거나 타인의 요구를 당장 거절하지 못하는가?
2. 사람들의 주목을 받고 싶지 않은가?
3. 다른 사람이 당신을 어리석다고 생각할까 봐 두렵거나 자신이 내성적으로 보일까 봐 걱정인가?

위 3가지 질문 중 2개 이상 질문에 '예'라고 대답했다면 당신은 이미 교류에 대한 두려움에 휩싸여 있다는 의미이다. 집에 숨고 싶거나 낯선 사람과의 접촉을 원치 않거나 소통을 회피하고 싶다면, 빨리 바꾸어야 한다.

4장
마지노선 사고:

누구도 마지노선을
무너뜨릴 수 없다

●

당신의 인생은 항상 피동적인가?

가장 근본적인 이유는 영역 다툼 의지가 없으며

마지노선 사고를 가지고 있지 않기 때문이다.

다른 사람이 한 차례 또 한 차례 당신의 영역을 밟아

마지노선을 무너뜨려도 당신은 여전히

거절하거나 반격하지 않는다.

나만의 영역은 절대로
지켜야 한다

●　　　매일 밤 잠들기 전, 스스로에게 다음과 같은 다섯 가지 질문을 한다.

1. 나는 오늘 또 어떤 결정권을 포기했는가?
2. 나는 오늘 타인에게 양보했는가?
3. 그 양보는 적절했는가?
4. 나는 오늘 나의 입장을 고수했는가?
5. 내일 나는 어떻게 해야 할 것인가?

앞의 다섯 가지 질문에 성실히 대답하려면 종이나 일기장에 쓰는 것이 좋다. 그다음은 무엇을 해야 할까? 바로 모든 질문의 아래에 앞으로 어떤 방법과 입장을 취할 것인지 분명히 적고, 계획을 세우고 결심을 실천한다. 다음 날 밤 잠들기 전 자신의 결론을 검토하고 얼마나 완성했는지, 어떤 점이 곤란했는지 살펴본다. 이렇게 반복하다 보면 자아에 대해 분명히 알게 되고 더 확실한 성과를 기대할 수 있다. 만약 당신이 자꾸 물러서기만 한다면 이런 태도를 유지했을 때의 피해에 대해 이제 직시해야 한다.

1. 다른 사람들의 눈에 당신은 '얕보기 딱 좋은' 사람이다. 모두들 당신 태도에 대해 공감하고 있다. 심지어 단체로 습관이 되었다. 다시 말해 사람들은 누군가의 양보가 필요할 때 맨 처음 당신을 떠올리고 만장일치로 당신을 희생양으로 삼는다.
2. 당신의 잠재의식은 자신을 '반드시 양보해야 하는' 사람이라고 인식하고, 양보가 습관이 되었으며, 물러서는 것이 본능이 되었다. 시간이 오래 흐르면서 당신은 늘 손해를 보고, 심지어 어쩌다 "아니요"라고 말하면 자신조차 낯설게 느낀다.

이런 손해를 피하려면 반드시 영역 의식이 있어야 한다. 마지노선을 정하거나 자신에게 최후의 '보루'를 마련해야 한다. 그리고 여기까지 물러서면 그다음은 더는 물러설 수 없다는 사실을 자신에게 분명히 말해야 한다. 반드시 상대방을 거절하거나 아니면 아예 힘으로 밀어내야 한다!

핵심은 '사람이든 일이든 반드시 원칙이 있어야 한다'는 것이다. 우리가 일상생활이나 일을 하는 과정에서 부딪히는 여러 문제를 해결해야 할 때 과감하게 '최후의 마지노선'을 세우는 것이 영역의식과 마지노선 사고이다. 이것은 '경계'의 의미이다. 마치 군대의 작전처럼 지휘관이 전쟁터에서 아군 진영 외곽에 진지를 세우는 것과 같다. 만약 이 진지가 무너지면 연쇄반응이 일어나 매우 끔찍한 결과를 초래한다. 예컨대 자신을 자꾸만 물러서게 하다 마지막 더는 물러날 곳이 없을 때까지 물러서면 모든 '영역'은 타인에 의해 점거되고 만다.

문제1: 왜 거절할 줄 모르는 사람에게 '영역의식'이 더 중요한가?

●

영역의식은 자신의 기반을 갖는다는 의미이다. 당신의 기반은 어느 누구도 침범할 수 없다. 이를 '마지노선 사고'라고도 한다. 마지노선 사고는 단순한 사고의 기술이 아니라 여러 이익 문제를 처리하는 기본 원칙이다. 이러한 사고를 가진 모든 사람은 리스크를 계산하고 미리 대비책을 마련할 수 있으며, 나타날 수 있는 가장 나쁜 상황을 예측하고 받아들일 수 있다. 이러한 기초 위에서 협상하고 문제를 해결한다면, 원칙 없이 타협하는 일은 없을 것이다.

워싱턴 경영대학원의 강사인 켈리 여사와 나는 8년간 협력관계를 이어오고 있다. 특히 인간관계에서 마지노선 사고의 응용 연구에 매진해온 그녀는 이렇게 말했다.

"마지노선 사고를 가지고 있는지에 대한 여부는 생활 태도와 업무 성과에 영향을 미치고 인생 원칙을 결정합니다. 그리고 친구 사이에서의 지위, 상사와 부하 마음속 이미지를 결정하죠. 마지노선 사고는 당신이 앞으로 나아갈 때 필요한 침착함과 의연함을 줍니다. 결심과 의지를 가지고 과감하게 리스크를 감당할 수 있게 합니다. 하지만 마지노선 사고가 없으면 사람이든 일이든 원칙이 사라지고, 결정도, 위험을 감당하는 것도 쉽게 할 수 없게 됩니다. 때로 긴 시간 동안 우물쭈물하며 결정하지 못하는 상태가 되어, 아무런 결론도 내리지 못하고 어떤 행동도 취할 수 없게 되죠. 가장 분명한 것은 사람들이 거절하지도 못하면서 어떻게 결정해야 하는지도 모르게 된다는 거죠."

켈리는 이러한 상황이 나타나는 이유는 종종 우리가 알지 못하는 사건에 대해 책임지기를 두려워하기 때문이라고 했다. 상반된 관점이나 입장에 대해 쉽게 평론하지 못하는 이유이다. 타인의 요구에 대해 난처하여 거절하지 못하는 원인 중 하나가, 그것이 옳은지 아닌지 확신하지 못하기 때문이다. 이때 사람들은 이렇게 생각한다. '어차피 확신할 수 없다면 뭐 하러 거부해? 만약 내 생각이 틀리다면 사람들이 얼마나 비웃겠어?'

문제2 : 당신은 현재 어떤 식으로
뒤로 물러서고 있는가?

●

현재 구글에서 일하고 있는 샌디는 연봉 약 20만 달러로, 봄날 같은 인생을 살고 있다. 하지만 3년 전, 그녀의 세계는 지금과 달랐다.

"저는 마치 바람에 날리는 연처럼 주변 사람들에게 이리저리 끌려다니고 낯선 사람에게 쫓기고 가족들에게도 불려 다녔어요. 저는 원칙이 없었어요. 핸들 없는 자동차, 항법장치가 고장 난 비행기 같았죠. 아니면 제 원칙이란 누가 이끄는 대로 따라가는 것이었는지도 몰라요."

일상생활에서나 일을 할 때나, 스물이 갓 넘은 샌디는 언제나 양보하는 입장이었다. 그녀에게는 담장도 최후의 마지노선도 없었다. 남자친구가 아프리카로 가서 일하겠다면서 그녀에게 의견을 물었을 때, 안전 문제가 마음에 걸렸지만 반대할 용기가 없었다. 부모님이 그녀가 워싱턴에서 일하기를 원하셨을 때도 그녀는 내키지 않았지만 거절하지 않았다. 때문에 무미건조한 사무실에서 1년 반이라는 세월을 허비했다.

이러한 날들 속에서 샌디는 날마다 기운이 없었고 모든 것이 암담하게 느껴졌다. 사람들이 느끼는 세상은 화려하고 즐거워 보이는데, 그녀에게는 의미 있게 느껴지지 않았다. 매일의 일상이 그녀가 스스로 결정한 것이 아니었기 때문이다. 그녀는 원하지 않는 의식을 이행만 했을 뿐이다.

샌디는 드디어 변화의 결정을 내렸다. "오늘부터 나는 잃어버린 '자아'를 찾을 거야. 누구도 내 영역을 침범해서 마음대로 할 수 없어!" 그녀는 마지막 한걸음을 뒤로 물러선 후 더는 물러서지 않았다. 더는 누구의 지시도 받아들이지 않았다. 그녀는 사표를 내고 6개월간 충전과 선택의 시간을 가졌다. 그리고 자신이 좋아하는 일을 찾았고 원하는 도시에 거주하고 있다.

마지노선은
죽어도 지켜야 한다

● 　　　마지노선 사고는 일종의 과학적 사고방식이며 모든
사람들이 반드시 지켜야 하는 원칙이다. 마지노선 사고는 긍정적
성과에 집중하는 것이 아니라 부정적 결과에 착안하도록 돕는다.
말하고 행동하고 생각하기 전에 강력한 방범 체계를 세워 발생 가
능한 리스크를 막아야 한다. 다시 말해, 먼저 '거절'과 '모든 것을
잃을' 준비를 하고 그다음 가장 이상적인 결과를 추구하는 것이다.

　　2013년 3월, 나는 홍콩의 한 회사에서 중간 간부 심리 교육을
맡았다. 첫 미팅 자리에서 모두들 말이 없었고, 제시한 질문에
대한 반응은 거북하고 어색하기 짝이 없었다. 하지만 미팅이 끝

난 뒤 차이라는 간부가 전화를 걸어왔다. 이야기를 더 나누고 싶다는 것이었다. 우리는 카페에서 만났다.

카페에 도착해보니 차이 부장의 모습은 낮에 본 모습과 전혀 달랐다. 회의실에 있을 때 그는 태연스럽고 시원시원하게 이야기했다. 업무상 심리적 문제 따위는 전혀 없어 보였다. 하지만 카페에 앉아 있는 그는 매우 기운이 없어 보였다.

"선생님, 선생님이 사람은 반드시 자신에게 '뻔뻔'하고, 원칙을 가지고 있어야 한다고 하셨죠? 제가 바로 그런 문제가 있는 사람입니다. 최근 골치 아픈 일이 있었는데, 아주 죽겠습니다."

10분 뒤 사건의 전말을 알게 되었다. 이사회에서 그에게 싱가포르 고객의 협상 안을 맡기면서 내막을 훤히 알려주지 않은 것이다. 다시 말해 최소한의 조건이 무엇인지 알려주지 않고 스스로 판단하라고 했다는 것이다. 예견력이나 협상 기술이 부족한 차이 부장에겐 이번 일이 큰 시험이었다. 그는 이렇게 말했다.

"협상이 잘되면 좋지만, 안 되면 쫓겨나는 거죠."

이런 갈등에 휩싸인 채 그는 싱가포르에서 온 고객과 호텔에서 이미 7, 8일 동안이나 협상을 이어갔다. 협상 초기에는 날카로운 설전이 오가다가 나중에는 하나하나 양보하기에 이르러 결국 치욕 대잔치를 치렀다고 했다.

"상대방에게 제 비장의 카드를 완전히 읽혀버렸죠. 제가 이사회에서 지시를 받지 못했다는 것을 알고 끊임없이 새로운 문제를 제시했어요. 가격도 최저 수준으로 깎았고요. 저는 힘없이 끌려다녔죠."

"계약은 끝났나요?" 내가 묻자 그는 황급히 말했다.

"아직 초안 단계예요. 하지만 값을 올릴 용기가 없어요. 회사에서는 더는 미래가 없어요. 이대로 보고하면 전 끝이에요."

"해결책은 간단해요. 잠시 뒤 고객에게 전활 걸어 이 협상에 새로운 이슈가 생겼다고 전하세요. 모든 요소를 다시 따져보다가 새로운 상황을 발견했다고 말하고, 최저 조건이 얼마인지 생각한 대로 그들에게 알려주세요. 그리고 이 수치가 결코 넘을 수 없는 수용 가능한 최저가이고 다른 어떤 협상의 여지도 없음을 밝히고 내일 아침 답변을 달라고 하세요. 만족스러운 답을 받으실 거예요. 저를 믿으세요."

"그렇게 간단해요?"

"네, 아직 끝나지도 않았는데 선 하나를 긋는 게 뭐 어려운 일이겠어요? 어려운 건 차이 부장님 마음 아니겠어요?"

차이 부장은 내 의견에 동의했다. 자신이 난처할 뿐이지, 만회의 여지가 없는 것은 아니었다. 30분 뒤 그는 고객에게 전화를 걸었다. 역시나 다음 날 오전 9시에 상대방에게 회신이 왔다.

'원칙적으로 그 가격에 동의합니다.'

애초부터 그에게 마지노선 의식이 있었다면 자신의 마음에 선을 그어놓고 협상에 임했을 것이다. 그랬다면 그렇게 어렵지는 않았을 것이며 '간신히' 만족할 만한 결과에 그치지도 않았을 것이다. 우리가 경계선을 긋는 최종 목적은 이 경계선에 만족하기 위해서가 아니다. 우리의 경계를 일깨워주는 동시에 적극적인 전환을 도모하기 위해서다.

우리는 최악에 대비하지만 실질적으로는 최선을 위해 노력한다. 다시 말해 거절은 체결을 위한 것이고, 물러서지 않는 것은 공공의 이익을 위해서이다. 이러한 사고방식을 터득하면 최악의 상황을 예측할 수 있고, 결정과 처세에 따른 리스크를 진지하게 평가할 수 있다. 이렇게 하면 변화무쌍한 환경에서도 당황하지 않고 최후의 경계선을 지킬 수 있다.

그렇다면 반드시 지켜야 할 마지노선이란 어떤 것인가?

1. 자존심 마지노선-마지막 자존심을 건드리지 못하도록 하라

자존심을 버리고 상대방의 요구에 동의하는 일은 절대로 안 된다. 자존심을 지키는 것은 우리의 첫 번째 경계선이다. 하지만 사실 많은 사람들이 자존심을 버리고 타인을 만족시켜준다. 자신의 고통은 말하지도 못하고 그렇다 할 성과도 얻지 못한다. 그러므로 제1원칙은 자존심이다. 일단 자존심에 상처를 받으면 적절히 거절해야 한다. 그러고 나서 다시 다른 문제를 논의한다.

2. 효율 마지노선-소통 비용 증가를 거절하라

타인과의 소통에는 효율 문제가 존재한다. 다시 말해 우리는 존엄성과 이익에는 손해를 보지 않더라도 시간이 흐르면서 뜻밖의 손실을 본다. 이럴 경우 쌍방이 문제를 질질 끌며 해결하지 못하게 된다. 효율을 희생하는 것은 일할 때 가장 피해야 한다. 이때는 끊임없이 상대방에게 질질 끌려다닐 게 아니라 상대방을 독촉하고 설득할 수 있어야 한다. 이성적이고 적절한 시기에 소통을 하여 신속하게 협의에 이르거나 대화를 종결해야 한다.

3. 이익 마지노선-핵심 이익의 양보를 거절하라

어떻게 생각하면 삶이나 일의 궁극적인 목적은 바로 이익의 만족을 실현하는 데에 있다. 누구라도 자신의 단기 및 장기적인 이익에 주목할 수 있어야 한다. 그리고 자신의 '최저이익'의 실현을 확보해야 한다. 만약 상대방의 요구가 이 경계선을 넘는다면?

과감히 거절하고 더는 양보하지 말아야 한다. 계약 조항이나 업무의 보상 등 공리성이 강한 문제에서 일단 경계선을 그으면 절대 타협하지 말고, 상대방이 당신의 원칙과 이익을 존중하도록 해야 한다.

모든 건 생각보다
별것 아니다

●   "아니요"라고 말하기 전에 '거절'에 대한 두려움을
극복하는 것은 매우 중요하다. 하지만 어떻게 해야 두려움을 극
복할 수 있을까? 제4장의 핵심인 '먼저 최악의 결과를 생각하라'
처럼 최악의 가능성을 그려본다. 당신이 생각한 어려움이 많을
수록 최후에 얻게 될 결과는 많아진다. 하지만 고난 때문에 자신
의 눈빛을 잃어서는 안 된다. 드래그 교수는 말했다.

  "우리가 가장 큰 난관을 미리 예상하는 것은 자신에게 겁을
주기 위해서가 아니라, 그것을 극복하기 위해서입니다. 자신을
속박하기 위해서가 아니라 필사적으로 벗어나기 위해서죠. 어떻

게 해야 두려움을 극복할 수 있을까요? 두려움이란 도대체 무엇일까요? 먼저 사물의 내재적인 관계를 찾고 자세히 살펴봐야 합니다. 그리고 나서 구체적인 방법을 설계해야 하죠. 사람은 절망 속에서만이 희망을 볼 수 있고, 위험 속에서만이 기회를 발견하며 긍정적인 힘을 끌어올릴 수 있습니다. 그렇지 않으면 두려움에 사로잡혀 아무것도 얻지 못할 것입니다."

어떤 일이 많은 변수를 가져온다는 사실을 알게 되었을 때 두려움을 어떻게 없앨 수 있을까? 많은 사람들이 심리적 준비를 통해 결과를 예상하고 필요한 계획을 세운다. 예를 들면,

1. 가장 자신 있는 계획: 나는 똑똑한 사람이다. 나는 반드시 해내고 어려움을 극복하고 승리를 얻으리라고 믿는다!
2. 가장 비관적인 계획: 나는 멍청한 사람이다. 해내지 못할 것이고 난관에 부딪혀 좌절할 것이다!

이 두 가지 서로 다른, 완전히 상반되는 계획이 있다. 전자는 자신이 반드시 해낼 것이며 난관을 극복하고 목표를 실현할 수 있다고 판단했다. 하지만 후자는 자신에 대해 비관적으로 판단했고 스스로 해내지 못하리라고 생각했다. 일반적으로 사람들은

이 두 가지 선택을 하며 이 두 가지 생각만이 있다. 어쩌면 당신은 최악의 상황을 생각함으로써 자신감을 공격하고 싶지 않을 수 있다. 비관적으로 생각하지 않으면서도 최대한 자신감을 채울 수 있을지도 모른다. 그것은 대단한 일이다. 하지만 자신감으로 머리가 흐려지게 해서는 안 된다. 예상하지 못한 상황에서 모든 고난의 요소를 예측해야만, 문제가 발생하기 전에 또 다른 가능성을 해결할 수 있다.

"일단 이러한 상황에서 어떻게 해야 할까?"

"평소 이런 난감한 상황에 대처 방안을 준비했을까?"

"어떻게 하면 매번 물러서지 않고 사태를 통제할 수 있을까?"

차이 부장은 말주변이 없고 고객과의 소통 효과는 좋지 않은 사람이다. 상대방이 자신에게 불리한 조건을 제시할 때에서야 그가 반박할 수 없는 최악의 상황에 직면했다는 사실을 알게 되었다. 해결 방법은 이러한 상황에 대해 평소에 충분히 예상해보고 언변과 용기를 끌어올리는 것뿐이다. 하지만 실제로 차이 부장은 그렇게 하지 않았다. 때문에 고객에게 '모욕'을 당했고 '두려움'을 들키고 말았다. 두려움이 커질수록 더욱 나서지 못했고 개선할 계획도 세울 수 없었다.

두려움이 일상이 되었을 때, 실제로 그렇지 않더라도 상대방의 눈에 비친 당신은 매우 내성적인 사람이 된다. 몇 년의 시간이 흘러도 당신은 이런 부정적인 인상을 지울 수 없을 것이다. 막대한 대가를 치르고서야 스스로 무엇을 잃었는지 알게 될 것이다. 왜 이런 불리한 상황이 일어났을까?

마지노선 사고를 생각할 때 많은 사람들이 자신에 대해 잘못된 암시를 하기 때문이다. 그들은 최악의 상황에 대비하고 결코 일어나서는 안 되는 상황을 생각하지만, 단지 상상에 그친다. 노력을 통해 개선하려고 하지 않는다. 그저 사태가 원래의 방향대로 흘러가게 둘 뿐이다. 그들은 거절만을 터득했을 뿐 어떻게 목표를 실현할지 모르고 있었다.

이것이 마지노선 사고의 핵심이다. 대처 방안을 세우는 것이 문제 해결의 핵심이다. 이렇게 해야만 결과를 예측하는 동시에 실제로 최악의 상황을 피할 수 있으며, 모든 뜻밖의 상황을 자신의 통제 안에 두게 된다. 그러면 스스로에게 이렇게 말할 수 있는 것이다.

"그까짓 것, 별거 아니야!"

최악을 미리 생각할수록
더 안전해진다

지난 달, 필라델피아 솔 씨의 아이는 대학 몇 군데를 다녀왔다. 이 시기의 모든 아이들이 그렇듯 고등학교에서 대학으로 올라가는 인생의 커다란 교차로에 서 있었다. 이제 그는 어떤 선택을 해야 할까? 본인이 원하는 곳으로? 아니면 부모나 친척, 친구의 권유를 들을 것인가?

아이들에게 이 시기는 분명 어려운 시간이다. 솔 씨 역시 초조와 근심으로 시간을 보냈다. 그는 항상 아이가 인생을 지나치게 낙관하는 것을 염려했다. 아이가 어떠한 풍랑도 겪어보지 못했기 때문이다. 하늘 아래 모든 부모가 그렇듯 그들은 아이들이 게 임하듯이 인생을 보낼까 봐 항상 염려한다. 돌이킬 수 없는 후회를 남길 수 있기 때문이다. 솔 씨는 아이가 좌절을 겪은 후 다시 일어서지 못할까 봐, 또는 어떻게 좌절에 대처해야 할지 모를까 봐 두려워했다. 하지만 그는 훗날 나에게 이렇게 말했다. "아들의 방식이 기가 막히더군요. 전혀 걱정할 필요가 없었어요. 저는 이제 두 다리 뻗고 잘 수 있습니다. 아이가 주관도 있고, 잘못된 유혹도 거절할 줄 알더라고요."

미국 아이비리그의 입시 경쟁은 매우 치열하다. 수험생이 조금만 소홀하면 한쪽을 신경 쓰다 다른 쪽을 놓쳐, 자신의 꿈에서 멀어지고 만다. 때문에 솔 씨는 세심하지 않은 아들이 실수를 저질러 아쉬움을 남기게 될까 봐 걱정했다. 그 생기발랄한 남자아이는 아직 18세에 불과하기 때문이다.

하지만 그는 이렇게 중요한 문제에 대해 아이가 아버지의 도움 없이 완벽하게 준비해놓았으리라고는 생각하지 못했다. 아이는 마치 대단한 전사가 인생의 운명을 결정하는 중대한 전쟁에서 승리하듯이, 꼼꼼하게 스케줄을 짜고 하루하루를 계획했다. 정보 조사와 개인의 판단을 완벽하게 결합했다. 마치 성공한 CEO의 처리 방법 같았다. 솔 씨의 아들은 말했다.

"저는 제가 무엇에 흥미가 있는지 분명히 알고 있어요. 저는 하버드 경영대학원에 들어갈 거예요. 그게 제 주요 목표죠. 하지만 안 될 수도 있죠. 그래서 실패의 결과에 대해 생각하고 세 개에서 다섯 가지의 대체 방안도 준비해놓았어요. 그리고 스스로에게 말하죠. 이건 아무 상관없어. 목표했던 대학에서 나를 뽑지 않더라도 또 다른 길이 있어. 워싱턴 주립대학으로 갈 수도 있지. 그쪽 경영학도 유명하고 가능성은 더 높아."

솔 씨는 자랑할 만했다. 그의 아들은 생각이 분명했다. 다른 대부분의 아이들이 감정은 격하지만 '행동이 약하여' 가슴에 가득 찬 뜨거운 피로 일을 저지르고 충동으로 인한 결과는 책임지지 않는 것과는 달랐다. 솔 씨의 아들은 중대한 선택을 대할 때 의연하게, 입체적인 각도에서 독립적이며 전체적으로 생각했다.

매우 기특하게도 솔 씨의 아들은 맹목적인 낙관을 거절했다. 그가 제일 먼저 생각한 문제는, '나의 목표가 이루어지지 않으면 어떻게 하지?'였다. 솔 씨의 아들은 어째서 칭찬받을 만할까?

1. 발생 가능한 모든 결과를 생각한다

그는 계획에 없던, 발생 가능한 최악의 결과에 대비해 목적성 있게 생각했다. 그것을 직시하는 것을 피하지 않고 상세하게 예측했고 세세한 부분까지 빈틈없이 준비했다. 핵심적인 시간을

이상적으로 생각하거나 맹목적으로 행동하지도, 지나치게 낙관
적으로 생각하여 판단에 영향을 주지도 않았다.

2. 강인한 이성적 사고를 가지고 있다

솔 씨가 수행한 모범적인 역할로부터 영향을 받다, 그는 어린
시절부터 아버지의 기업 관리 경력에서 긍정적인 경험을 받으
며 이성적 사고를 키워왔다. 덕분에 일을 처리할 때 의연하고 냉
정함을 유지한 채 높은 사고를 발휘해, 발생할 수 있는 모든 변
수에 대응할 수 있었다.

마지노선을 지켜야
'No'를 외칠 기회가 생긴다

누구나 올려다보기도 하고 내려다보기도 한다. 그
중 중요한 것은 바로 후자이다. 모든 사람들이 올려다볼 수 있
다. 모두가 하늘을 올려다본다. 하지만 내려다보는 사람은 많지
않다. 그러므로 계속 오르기만 하고 또 넘어지는 것이다.

고개를 숙이고 최악의 결과를 생각해야만 사전에 대비할 수
있고, 일이 닥친 다음에도 당황하지 않고 무슨 일이든지 이겨낼
수 있는 자신감이 생기며 주도권을 확실히 잡을 수 있다. 이는
우리가 사람을 만나고 일을 하는 과정에서 효과적인 도움과 지
도를 제공해준다. 가장 중요한 것은 포기할 수 없는 원칙을 제시

해준다는 점이다.

하지만 '자아를 상실'하거나 '판단력 증후군'에 걸려 결단력이 부족한 사람이 마지노선 사고를 가지려면, 우선 자신의 관념을 바꿔야 한다. 전통적 사고가 일러준 효과 없는 경험을 버리고 자신에게 먼저 '마지노선'을 지킬 것인지 물어야 한다. 이것이 바로 마지노선 사고의 진정한 본질이다.

마지노선 사고에 대해 사람들은 보통 어떤 오해를 품고 있을까?

1. 마지노선이 무슨 의미인지 모른다

대부분은 그 글자상 의미만을 알고 마지노선과 원칙을 지키는 진정한 가치를 잘 모른다. 지켜야 하는 원칙이 어떤 이유에 근거해야 하는지, 또는 어떠한 가치관에서 시작되었는지 알지 못한다.

2. 방법과 관념을 혼동한다

아직도 많은 사람이 방법과 관념을 혼동하고 구분하지 못한다. 사실 모든 방법은 어떠한 기본 원칙에서 생겨나고 원칙은 또한 관념의 산물이다.

3. 마지노선 사고는 모든 일처리를 지도해주는 기초이다

인간관계든 일이든 기본 원칙이 없다면 그들이 지켜야 하는 마지노선도 없을 것이다. 평소 행동에 근거가 없다면 순간의 흥미에 따라 마음대로 결정할 것이다. 그러나 이런 사람들은 끈기가 없고 말의 앞뒤가 맞지 않아서, 원칙이 없고 마지노선도 없는 사람으로 보여 존중을 받기 어렵다.

일단 마지노선이 무너지면 '재앙'에 가까운 결과를 초래한다. 마지노선이 없으면 후퇴하게 되고 계속 추락한다. 이는 튼튼한 기초를 잃는 것과 같다. 그러므로 평소 인간관계에서나 일을 할 때 반드시 마지노선을 지켜야 하며 기본 원칙을 고수해야 한다. 이렇게 해야만 '거절하지 못하는' 습관을 끊어버릴 수 있다. 근본적인 시비 앞에서 'No'를 외치며, 스스로 자신의 삶을 조종하고 자기 인생의 주인이 되어야 한다.

5장

정서를 통제하라:

거절을 거부하는
원인을 끊자

자신의 정서를 통제하는 법을 차츰 배워가며

두려워하지 않고 긴장하지 않게 되었다면

이제 용감하게 '모든 부당한 요구를 거절하는' 심리를

완성할 수 있다.

내 감정을 잘 알면
거절도 잘한다

사람의 정서는 정서 통제 능력의 높고 낮음으로 구분한다. 어떤 사람은 늘 좋은 정서를 유지하고 어떤 사람은 나쁜 정서에서 벗어나지 못한다. 이러한 능력은 의지와 판단력에 영향을 미치며 기본적으로 행동을 주도한다. 성공한 사람은 모두 선천적으로 긍정적인 정서를 지녔으며 양호한 정서 통제 능력을 가지고 있다. 자신감에 차 있고 온화하며 항상 용기 있게 행동한다.

보통 사람과 그들의 차이는 커 보인다. 자신에게 무엇이 부족한지 느낄 수 있는가? 하지만 통제하기 어려운 외부 요인, 즉 운,

기회, 인맥 등을 제거한다면 자신의 능력이 확실히 그들보다 못하다는 것을 인정하는가? 분명 그렇지 않을 것이다. 무수한 실험에서 많은 사람들이 즉각 반박하며 말했다.

"말도 안 됩니다. 제 IQ가 그들보다 높다고요. 저는 저도 잘할 수 있다고 믿어요."

진정한 차이를 발견했는가? 정답은 나쁜 정서를 검사하고 통제하는 능력이다.

이 능력은 당신을 성공으로부터 더 멀어지게 한다. 사실 정량화하기는 어렵지만, 이는 IQ나 학력, 돈, 배경, 기회보다 훨씬 중요하다. 만약 당신이 마음을 차분히 가라앉히고 바르게 앉아 거울을 들어 자신을 자세히 관찰해보면 바로 발견할 수 있을 것이다. '바로 이 점 때문에 내가 뒤처졌구나!'

정서를 통제하지 못하는 사람은 체내에 부정적 에너지가 가득 차 있다. 그들은 정신을 집중하여 가치 있는 일에 몰입하기 어렵다.

정서 관리 능력이 떨어지는 사람은 체력만 부족한 것이 아니라 의지도 약하다. 일할 때도 열심히 하지 않고 친구를 대할 때도 진심을 다하지 않는다. 가족을 대할 때도 무신경하다. 사실 그들은 어떤 일을 하더라도 억지로 할 뿐, 흔쾌히 승낙하지도 과감하게 거절하지도 못한다.

다음의 자가 정서 테스트를 통해 자신에게 어떤 정서상 문제가 있는지 확인해볼 수 있다. 정서가 안정적인 사람이라면 심리적으로 성숙할 것이다. 자신의 정서 상태를 통제하고 편안하게 해 정서 수준을 올릴 수 있다면, 판단력과 용기를 잃게 만드는 부정적인 요소를 멀리할 수 있고 안정적인 마음가짐으로 일상생활과 직장생활에 임할 수 있다.

| 자가 정서 테스트 |

① 스스로 여러 가지 고난을 극복할 수 있다고 생각하는가?		
A 그렇다	B 반드시 그렇지는 않다	C 그렇지 않다

② 자신이 과거에 기대했던 인생 또는 업무상 목표를 이루었다고 항상 생각하는가?		
A 그렇다	B 반드시 그렇지는 않다	B 그렇지 않다

③ 몇 년 전 존경했던 선배(또는 선생님)가 지금도 여전히 존경스러운가?		
A 그렇다	B 잘 모르겠다	B 그렇지 않다

④ 공공장소에서 자신이 인사하고 싶지 않은 사람을 피하는 것은 그의 요구를 거절할 용기가 없기 때문인가?		
A 거의 그렇지 않다	B 간혹 그렇다	B 자주 그렇다

⑤ 책을 읽고 음악을 들을 때, 누군가 옆에서 큰 소리로 떠든다면, 당신은 어떻게 할 것인가?		
A 계속 집중해서 책을 읽거나 음악을 듣는다	B A와 C 사이	B 집중하지 못해서 화가 난다

⑥ 당신은 어느 곳에서든지 방향을 쉽게 분별할 수 있는 사람인가?		
A 그렇다	B 반드시 그렇지는 않다	B 그렇지 않다

⑦ 현재 당신은 자신이 배운 지식에 대해 자부심을 느끼는가?		
A 그렇다	B 반드시 그렇지는 않다	C 그렇지 않다

⑧ 당신의 감정은 계절이나 날씨에 따라 변하는가?		
A 그렇다	B A와 C 사이	C 그렇지 않다

⑨ 당신은 잠을 잘 못자고 자주 꿈을 꾸는가?		
A 그렇다	B 간혹 그렇다	C 전혀 그렇지 않다

⑩ 거대하거나 흉악한 물건을 보면 그것이 당신을 위협하지 않더라도 압박감이 드는가?		
A 그렇다	B 반드시 그렇지는 않다	C 전혀 그렇지 않다

⑪ 만약 환경이 바뀌면 당신은?		
A 모든 것을 전과 다르게 계획한다	B 잘 모르겠다	C 전과 똑같이 계획한다

⑫ 당신이 반감을 느끼는 일도 승낙해주리라고 생각하는 사람들이 있음을 발견했는가?		
A 그렇다	B 주의하지 못했다	C 전혀 그렇지 않다

⑬ 항상 남을 돕고 선의로 대하는데 아무런 보상도 받지 못한다고 생각하는가?		
A 그렇다	B 반드시 그렇지는 않다	C 전혀 그렇지 않다

점수:1번~9번 문제: A.2 B.1 C.0 | 10번~13번 문제: A.0 B.1 C.2

총점을 쓰시오 :

이 자가 정서 테스트의 결과는 다음과 같다.

우수: 17~26. 최우수 등급으로 정서가 안정되어 있다.

이 구간의 사람들은 비교적 큰 좌절을 겪더라도 감정에 큰 기복이 없다. 의지가 매우 강한 편으로 냉정하고 이성적으로 생각하며, 문제에 직면하면 우선 현실을 직시하고 회피하지 않는다. 또한 강한 행동력을 가지고 있어 어떤 일이 자신을 난처하게 하더라도, 되는 대로 처리하는 것이 아니라 그 자리에서 거절한다.

양호: 13~16점. 합격 등급으로, 정서가 대체로 안정되어 있다. 이 구간은 정서 통제 능력이 대체로 합격점에 든다는 의미이다. 어떤 자극을 받았을 때 다소 기복이 있기는 하지만 통제를 잃을 정도는 아니다. 스스로 통제할 수 있다. 대체로 일반적인 문제에 대해서는 침착하게 대응할 수 있다. 약간의 좌절감을 느끼지만 큰 실수를 저지를 만큼은 아니다. 하지만 돌발 상황이나 큰 문제에 대해서는 자아 통제 능력이 약한 편이다.

부족: 0~12점. 낮은 등급으로 정서 통제가 어려운 편이다.
이 구간의 사람들은 대체로 정서가 안정되어 있지 않다. '거절하지 못하는' 사람이 여기에 속한다. 항상 걱정과 고민에 쌓여 벗어나지 못한다. 끊임없이 새로운 잘못으로 예전의 잘못을 메우며, 일상생활이나 직장 생활에서 다른 사람이 요구하는 여러 부탁들을 냉정하게 대하지 못하고 있다. 다른 사람에게 '아니요'

라고 말하는 것이 매우 어렵다. 환경과 타인의 지배에 많은 영향을 받기 때문에 어찌할 바를 모르고, 타인에게 이용당하며 쉽게 설득당한다. 하지만 뒤돌아서 몹시 후회한다. 이러한 상황이 자주 일어나면서 화를 잘 내거나 초조, 불안, 불면 등의 합병증이 발생한다.

생각을 바꾸어
세상과 화해하라

피터는 작년 12월 쯤, 아내와 자주 다투었다. 다투고 난 뒤에는 늘 자책했다. 크리스마스 전날 밤 두 사람은 또 싸우게 되었다. 그는 아내의 지나친 요구를 거절하지 못했고 늦은 밤 집을 나섰다. 술에 흠뻑 취한 채 한 슈퍼의 문을 부숴 경찰에 붙잡혀 갔다. 올해 3월에는 회사의 부당한 대우 때문에 상사와 마찰을 겪은 뒤 집에 와 아이들을 때리고 말았다. 아동보호기관이 출동해 그는 양육권까지 빼앗길 위기에 처했다.

"항상 자책해요. 심한 죄책감이 들고 제가 너무 무능해서 사태를 이 지경까지 끌고 온 것 같아요." 피터는 괴로워했다.

이렇게 '타인의 잘못 때문에 자신을 벌하는' 방식은 사람들이 가장 자주 범하는 실수 중 하나이다. 다른 사람이 잘못을 했어도 자신이 즉시 해결할 수 없고 상대방에게 잘못을 지적할 용기도 없다. 마음에만 담아두고 자신의 기분을 상하게 한다. 기회가 되어 적당한 원인이 나타나면 폭발하는 것이다.

그러므로 이 문제를 해결하기 위한 첫 번째 원칙은 타인의 악의적 감정이 내 선택을 방해하거나 주도하지 못하도록 하는 것이다. 우리가 완전히 세속에 구애되지 않고 초탈하여 그들을 본체만체할 수는 없더라도, 일상생활에 지장이 없도록 지나치게 마음 두지 않을 수는 있다. 피터처럼 '정말 그 사람 때문에 죽겠어. 나쁜 자식, 두고 보라지. 본때를 보여주겠어!'라고 나쁜 생각을 하는 것은 다른 사람을 공격하다기보다는 자신을 몹시 원망하는 것이다. 그 자리에서는 말을 삼키고 돌아서서 미친 듯이 소리를 지르기 때문이다.

"좌절을 겪었을 때 왜 그렇게 화가 났죠?"

내 질문에 피터는 우울하게 대답했다.

"상사가 자꾸 뒤에서 험담을 하기 때문일 수도 있고, 아내가 이웃 사람들 앞에서 창피를 줬기 때문일 수도 있죠. 하지만 그 자리에서는 화를 낼 수 없잖아요."

"하지만, 다른 누구도 타인에게 그렇게 화낼 수 없어요. 상대방이 당신을 화나게 하는 목적은 분명 당신을 화나게 해서 정서적으로 통제할 수 없도록 하기 위해서이죠. 아내분도 어쩌면 당신의 다른 행동에 대해 불만이 있었을지 몰라요. 화를 내지 말고 아내와 잘 이야기 나눠보세요. 그렇지 않으면 완전히 그들의 속셈에 넘어갈지도 몰라요. 아무런 이익도 없고, 오히려 당신의 삶을 망가뜨리고 말거에요."

일상생활에서 이러한 상황은 흔히 볼 수 있다. 사람들은 이렇게 쉽게 화를 낸다. 분명 좋은 습관은 아니다. 다른 사람에게 감정적이라는 인상을 남겨 정서에 문제가 있다는 오해를 살 수도 있다. 사람들은 당신과 소통하기를 어려워하며, 그럴수록 당신에게는 좋은 기회가 오지 않을 것이다. 다른 한편으로 당연히 일상생활과 일에 영향을 준다. 이렇게 서로 대립되는 정서가 마음에 자리 잡으면 이성적 사고방식을 어지럽혀 다른 중요한 일에 써야 할 힘을 빼앗아버린다. 결국 알게 모르게 스스로도 자신을 싫어하는 사람이 되어버린다.

피터는 마음속의 악마를 내쫓기가 어려웠다. 본능과 습관이 이미 굳어져버린 그는 이렇게 생각했다.

'나에게 이렇게 피해를 주는데, 내가 왜 용서해야 해?' 아니면

'내가 화를 안 내면 아내가 나를 우습게 보겠지?'

이러한 이유 때문에 피터의 직장과 일상생활에는 언제나 원한과 증오가 동반되었다. 그는 매일 분노와 원망을 안고 출근하고 퇴근하면서 상사와 아내를 만났다. 심지어 자신의 자녀에게도 불같이 화를 냈다. 이것은 문제를 해결하기는커녕 자신에게 막대한 불편을 야기한다.

"사장님은 당신을 어떻게 대하세요?"

"동료와 어떻게 지내세요?"

"아내는 또 당신을 어떻게 살피나요?"

이렇게 계속 가다가는 일은 물론 일상까지도 엉망이 되어 끝없이 문제가 발생할 것이다. 상사에게 주는 이미지는 나빠지고 동료와는 계속 멀어진다. 아내는 매일 그를 오해하고 아이들은 그를 두려워하게 된다. 결국 죄책감이 자신에게 상처를 주어 그의 삶을 송두리째 흔들게 될 것이다.

1. 당신은 현재를 사는 것만을 선택할 수 있다

모든 사람은 현재만을 살 수 있다. 과거로 돌아갈 수 있는 사람은 없다. 당신은 반드시 마음을 진정하고 잘 생각해보아야 한다. '내가 원하는 것이 도대체 무엇인가?' 지금 현재의 삶만이 중요하다. 과거는 역사일 뿐이다. 그러므로 과거는 놓아두고 미래를 내다보는 것만이 유일한 선택이다.

2. 실패 속에서 긍정적인 메시지를 찾는다

실패는 이미 발생했다. 분노 역시 과거형이다. 당신은 상처를 받을 수 있다. 하지만 설령 용서를 선택하지 않더라도 원한이나 죄책감을 갖는다고 해서 무슨 도움이 되겠는가?

이 질문을 잘 생각해보라. 실패에 직면했을 때 초조, 걱정, 편협함, 고통과 끝없는 고민 외에 나쁜 정서에 뒤엉켜 있는 것 중에서 어떤 긍정적인 것도 찾을 수 없을 것이다. 벗어나고 싶지 않은가? 그렇다면 계속 그 안에 머무르며 영원히 발을 빼지 않고 걸핏하면 '과거'를 들먹이면서 당신의 현재와 미래를 벌해도 좋다. 하지만 기분은 점점 더 엉망이 될 것이다.

그러므로 좌절의 잿더미에서 벗어나려면 과거의 부담을 지고 갈 것이 아니라 내일의 희망을 찾아야 한다. 만약 좌절감을 지고 내일을 향해 걸어간다면 치열한 경쟁에 적응할 방법이 없다. 이 커다란 산에 눌려 다시 기어오를 수 없다는 것을 알아야 한다. 피터의 분노처럼 자신을 학대할뿐 삶에 아무런 도움도 되지 않는다.

3. 새로운 각도로 바라보면 새로운 방법이 생긴다

이제 새로운 각도로 바라볼 때가 되었다. 의자에 앉아 과거의 두꺼운 책은 덮고 스스로에게 말해보자. '나를 기분 나쁘게 했던 일들이 이미 내 삶에 영향을 미쳤어. 내 마음을 더 괴롭힐 생각이야? 앞으로의 일들을 잘해낼 용기가 없는 것은 아니지?'

나는 이것이 새로운 시작이라는 사실을 믿는다. 자신의 소중한 힘은 어두운 과거와 죄책감과 후회에 낭비할 게 아니라, 오늘과 내일을 위해 조심스럽게 사용해야 한다. 어제는 이미 스스로에게 잘못했다. 오늘과 내일까지 잃지 않도록 이 세계와 화해해야 한다.

부정적인 경험은
정신을 갉아먹는다

"사장은 항상 제 공을 가로채요. 무슨 일을 하더라도 성과가 나오면 그의 공으로 삼죠. 이런 일이 한두 번이 아니에요. 게다가 더욱 화가 나는 건, 동료들까지 사장 편에 서서, 저를 위해 한마디라도 거들어주는 사람은 없다는 거죠. 이런 일이 습관이 되었어요."

"이 사회가 마음에 안 들어요. 거의 매일 참을 수 없는 일들이 일어나요. 사회적인 위법 행위에 화가 치밀고 매우 불안해요."

"그자를 절대 용서하고 싶지 않아요. 다음에 또 그럴까 봐 겁이 나요. 그는 항상 그랬죠. 과거의 경험이 그가 또 그러고도 남을 사람이라는 걸 증명해주죠. 어떻게 해야 할까요? 정말 어떻게 해야 할지 모르겠어요!"

"제 노력은 언제나 아무런 보상도 받지 못하죠. 하지만 남들은 잘도 받더군요. 이 문제 때문에 저는 항상 불만이 가득해요. 그러다 보니 자꾸 동료와 다투게 되고 가족들에게도 화만 내요. 하지만 제가 문제를 해결할 방법을 찾으려고 할 때마다 매번 걸림돌에 부딪혀요. 도저히 갈피를 못 잡겠어요."

"그들은 내가 너그럽지 못하다고 생각해요. 제가 친구가 없는 이유죠. 제 삶에는 소통도 없고 속마음을 다 털어놓는 일도 없죠. 아무도 제게 방법을 얘기해주지 않아요. 사실 저도 제 인생이 감옥같이 느껴져요. 더 두려운 것은 이 감옥에서조차 독방 신세라는 거죠."

"일하면서 항상 불공정한 대우를 받아요. 사장이나 고객이나, 동료나 모두 좋은 사람들이 아니죠. 삶에 낙이 없어요. 항상 손해 보는 건 저뿐이에요. 지나친 부탁을 거절하지 못하겠어요. 제가 해결해야 할 일들만 점점 쌓여가니 정말 화가 나 죽겠어요. 그들은 분명 반성해야 해요. 이건 제 책임이 아니라고요!"

이렇데 우리 마음속에는 상당히 많은 부정적인 정서가 숨겨져 있다. 하지만 그 근원을 자세히 파헤쳐보면, 자신은 매우 화가 나고 불만이 많지만 객관적인 사건 때문이아니라는 사실을 발견할 것이다. 당신이 스스로 자신에게 불리한 사건을 가정한 것에 불과하다. 스스로 불공평한 상황을 상상한 것이다. 이러한 상황에서 사람들은 외부 세계에 대해 상당히 경계심을 가지고 많은 부정적인 경험을 형성한다.

예를 들면, 어떤 사람이 자신을 등지고 상사에게 보고하는 모습을 보고서 '혹시 내 이야기하는 거 아니야?'라며 의심하는 것이다. 이야기를 나누는 동료들 사이를 자신이 지나가는데 그 순간 마침 침묵이 오갔다면, 분명 자신의 뒷담화를 한 거라고 오해한다. 엘리베이터에서 인사를 하지 않았다고 해서 상대방이 자신을 미워하고 다른 의도가 있다고 생각한다. 상대방이 평소와 말투가 달라지면 전전긍긍하며 이러지도 저러지도 못한다.

항상 누군가 당신을 적대시한다고 느끼는가? 피어는 다음과 같이 말했다.

"이러한 부정적인 경험은 판단력에 영향을 미친다. 사람들은 근본적으로 아무런 가치도 없는 수많은 걱정에 빠져 있다. 사람들은 항상 누군가 자신을 적대시한다고 생각한다. 또는 자신은 왜 운이 없는지 한탄한다. 상심하며 구원의 손길을 찾는다. 하지만 실제로 이러한 상황 대부분은 스스로 만든 것이다."

왕 씨는 자신이 마치 성인이라도 된 것처럼 행동하며 다른 사람들은 '소인배'로 취급했다. 이는 물론 그녀의 생활을 혼란에 빠뜨렸다. 그녀는 이미 말로 다 할 수 없이 고통스럽다.

"저는 항상 제 위주로 기분을 돌리려 해요. 어떤 일이 순조롭게 진행되지 않았다면 그 책임을 환경이나 주변 사람들에게 돌리죠. 그리고 자신을 합리화할 수 있는 이유를 찾아요. 스스로에게 이렇게 말하죠. '그건 모두 그 사람의 잘못이야. 그의 꿍꿍이 때문에 목표를 제대로 이루지 못했어. 그러니 그들은 모두 나쁜 사람들이야. 난 억울해', 이렇게요."

그녀는 스스로 이미 심각한 우울증을 겪고 있다고 느꼈다. 사건을 대하는 태도가 항상 비관적이고 부정적이기 때문이다. 그녀에게는 의지할 만한 긍정적인 것이 아무것도 없었다. 그리고 일을 할 동력도 바닥났다. 항상 갑자기 마음이 돌변했고 시시때때로 자신과 타인을 기만했다. 물론 그녀는 과감하고 용기 있는 사람이 아니었다. 작은 좌절에도 의기소침해져서 집에 틀어박혀, 전화도 받지 않고 회사에도 나가지 않았다.

친구들이 기운을 내라고 말해도, 그녀는 "나는 원래 이래. 네가 무슨 상관이야!"라며 도움을 거부했다.

삶에 대한 왕 씨의 태도는 비관적이고 공허했다. 인간관계에 대해서도 부정적이다. 물론 더 중요한 것은 그녀가 자신 이외의 모든 사람들에게 회의적이며 많은 부정적 경험을 쌓았다는 사실이다. 무엇을 하더라도 자신이 져야 할 책임과 대가를 고려하지 않고 오로지 타인에게만 초점을 둔다는 의미다.

많은 부정적 경험이 쌓이면 해야 할 일이든 강제하지 않은 일이든 아무런 흥미를 느끼지 못한다. 삶에서 어떤 동력도 찾지 못하는데 원대한 목표를 이루기란 말할 필요도 없다. 그리고 언제나 불면에 시달리거나 항상 게으르게 늦잠을 잘 것이다. 상담을 하면서 이런 사람들이 일을 하지 않아도 쉽게 피곤을 느낀다는 사실을 발견했다. 그들은 방금 잠자리에서 일어나도 곧 다시 졸려 한다. 그래서 밥을 먹고는 다시 눕는다.

그 결과는 상상 이상으로 심각하다. 이러한 상태로 일을 하면 일단 주의력 부족 현상이 나타난다. 업무 효율도 떨어지기 마련이다. 그리고 자신의 일이 아무런 가치도, 의미도 없다고 느낄 것이다.

그러므로 '부정적 경험'이 우리의 삶과 일에 가져오는 부정적인 영향을 경계해야 한다. 부정적 정서를 조절하여 긍정적인 태도로 주변 사람과 일을 대해야 한다. 그렇게 된다면 삶 속에서 빛나는 아름다움을 발견할 수 있을 것이다.

낙천주의자는
행복의 열쇠를 쥐고 있다

● 　　비관주의자들은 습관적으로 모든 긍정적인 현상을 악몽의 시작이라고 생각한다. 아무리 순조롭게 진행되어도 그들은 '곧 함정이 나를 기다리고 있겠지? 함정에 빠져 해결할 방법을 찾을 수 없을 거야'라고 생각한다.

　온갖 방법으로 그 우려를 끊어버리려고 아무리 합리적인 이유를 대도, 그들은 비관적인 요인을 발견하고 부정적인 생각을 확장해 새로운 '함정'을 만든다. 비관주의자는 불행하다. 그들은 미래에 대해 부정적으로 생각한다. 그러므로 언제나 현실에 안주하고 만다. 그리고 어떻게 해야 부정적인 정서의 공격을 물리

칠 수 있는지 알지 못한다.

샤 씨는 지금 비슷한 걱정에 빠져 있다. 그녀가 말했다.

"교외에 슈퍼를 하나 열었는데, 문을 연 지 6개월 정도 되었어요. 장사는 그럭저럭 잘되는 편이에요. 그런데 문을 닫고 싶어요. 장사가 더 잘돼서 남편보다 돈을 더 많이 벌면 어떻게 해요? 제 남편은 통신회사에 다니는 평범한 회사원이에요. 월급은 얼마 되지 않죠. 단시간 내에 그가 부자가 될 일은 없어요."

나는 의아해하며 물었다.

"부부가 돈을 벌어서 가계 소득이 증가하면 좋은 일인데 왜 걱정을 하세요?"

샤 씨는 걱정스러운 듯 말했다.

"아니에요. 선생님. 제 생각은 정반대예요. 제가 돈을 많이 벌면 남편은 위기감이 들 거예요. 우리 결혼생활에 문제가 생길 거예요. 드라마에서 봤던 일들이 생길 것만 같아요. 그때 가서 남편이 절 사랑하지 않으면 어쩌죠? 이런 생각이 들면 잠이 안 와요. 머릿속에 자꾸만 무서운 결과가 떠오르거든요."

그래서 샤 씨는 자신의 사업에 '관심'을 잃었고, 더는 가게 운영에 신경을 쓰지 않게 되었다. 그녀는 매일 '무의식중에' 실수를 저질렀다. 저녁 손님이 한창 많을 시간에 갑자기 문을 닫고 집에 가거나 채워놓아야 할 상품을 미리 주문하는 것도 깜빡했다. 그 결과 보름 만에 매출은 급감했다. 그녀는 고의로 파산을 재촉하면서 '남편이 더는 자신을 사랑하지 않을' 가상의 결과를 피하기 위해 애썼다.

그녀와 3주 동안 총 여덟 번 상담했다. 반복하여 설득한 끝에 마침내 그녀는 가정일과 사업을 구분하기로 결심했다. 그녀에게 이렇게 일러주었다.

"혼인 실패에 대한 두려움이 자신의 사업 성패를 주도하는 핵심이 될 수는 없어요. 이런 비관주의 논리에 따르면 언젠가 정말로 남편을 잃게 될 거예요."

그녀도 이 사실을 깨닫고 다시 슈퍼 운영에 힘을 쏟았고 슈퍼는 다시 정상적으로 운영되었다. 물론 남편의 사랑도 여전했다.

'시작은 뜻대로 되었지만, 결국 실패할거야'라며 근거 없이 근심에 빠져드는 사람들이 있다. 그들은 비관적인 현실이 자신을 절대 놔주지 않을 것이라고 생각한다. 처음에는 일이 술술 풀리듯 보이지만 결국 자신에게 치명적인 일격을 가할 것이라며 걱정한다. 이러한 마음 때문에 그들은 어떤 행동을 취하기보다는 그 자리에서 꼼짝하지 않는다. 나쁜 소식은 거절하지 못하면서 하느님이 주신 선물은 용감하게 거절한다. 이런 이상한 심리 때문에 많은 사람들이 실패에 빠진다.

마케팅 부서에서 근무하는 장커 씨는 영업 부서로 옮기기 바랐다. 단순한 마케팅 업무보다는 영업이 자신의 가치를 높일 수 있을 것이라고 생각했기 때문이다. 하지만 그러면서도 '정말 영업 부서로 옮기게 되면 어쩌지? 내가 잘해낼 수 있을까 '하며 걱정했다.

상사가 기회를 줬지만, 이러한 심리적 영향 탓에 결정적인 순간에 무심코 실수를 저질러 부서를 옮길 기회를 잃고 말았다. 그는 이런 비관적인 심리를 통제하지도 없애지도 못했다. 그 즈음 그는 바에 드나들었는데, 회사 밖 술집에서 거나하게 술에 취한 모습을 자주 보였다. 장커 씨는 현실에서 도피하려 했지만 결국 자신의 비관주의 콤플렉스에서 벗어나지 못했다.

한 달 동안의 관찰 기간이 끝난 뒤 그의 관리 간부에게 이 상황을 설명하며 원인을 알려주었다. 그러고 나서 나는 장커 씨에게 내가 운영하는 연수 프로그램을 통해 2개월간 심리 조절 훈련에 참여해보라고 권했다. 그는 마침내 내면 깊은 곳에 있는 긍정적인 에너지를 편안하게 받아들이며 더는 야망의 호소를 거절하지 않았다. 그는 영업 부서에 들어가 핵심 인력이 되었다.

어떤 일을 하기로 결심하여 삶에 중대한 변화가 발생할 때 이상한 심리가 생긴다. 계획을 세우고 자심감도 있지만 잠시 멈칫하며 섣불리 나서지 못하는 것이다. 계획이 실패로 끝날 것을 두려워하기 때문이다. 기대에 미치지 못하는 결과를 받아들일 수 없다는 심리 때문에 전혀 앞으로 나아가지 못하고 좌절에 부딪히고 만다. 부정적인 정서가 생각을 주도하지 못하도록 해야만 편안한 마음을 가질 수 있고, 균형 잡힌 생활을 유지할 수 있다.

나쁜 정서는
'감옥'에 가둬버리자

●   이미 7년 전, 상담을 통한 정서의 장기적인 관찰과 교류가 미래 예측에 도움이 된다는 사실을 알았다. 정서 변화를 알 수 있는 긍정적인 시스템을 구축하고, 부정적인 정서를 모두 '감옥'에 가두어놓을 수 있다는 사실을 발견한 것이다. 자신의 정서를 추적하는 것은 매우 다양한 장점이 있다. 가장 중요한 점은 정서가 통제를 상실하기 15초 전에 민감하게 알아채고 효과적인 제지 행동을 취하도록 도울 수 있다는 것이다. 방법은 매우 간단하다.

1. 현재 정서를 바로 기록한다.

2. 어떤 사건 뒤의 감정과 이해를 기록한다.

3. 건강 일지를 작성한다.

이상 세 가지에 대해 매일 잘 기록하고 신체의 즉각적 반응, 즉 심박, 수면, 체중, 기분 등의 데이터를 하나도 빠짐없이 기록하여 일주일에 한 번 취합한다.

수면: 잠은 잘 잤나? 매일 잠든 시간과 일어난 시간을 기록할 수 있는가? 자주 잠을 잘 이루지 못하는가? 어떻게 대응하는가?

식사: 잘 먹는가? 아침을 먹었는가? 3끼의 식사 시간을 적었는가? 식사량 변화는 어떠한가?

정서 변화: 쉽게 바뀌는가? 언제 화가 나는가? 화가 난 원인을 기록했는가? 화가 난 횟수(매주)와 정서 변화가 일어나는 시간을 기록한다.

근무 시간: 업무 스트레스가 큰가? 쉬는 날이 있는가? 매일의 출퇴근 시간은? 업무 강도는 어떠한가? 근무할 때의 마음은 어떠한가? 근무할 때 파트너가 있는가? 상대가 당신을 화나게 하거나 스트레스를 받게 하는가? 그 대응책과 효과를 기록한다.

날씨: 매일 날씨에 대한 생각을 기록할 수 있는가? 날씨에 얼

마나 민감한가? 날씨가 좋지 않을 때의 기분을 기록한다. 날씨가 좋지 않을 때 다시 기분을 회복하는 방법은 무엇인가?

정서 지수: 정서 변화의 범위와 성질은 어떠한가? 쉽게 화를 내는가? 언제 행복감을 느끼는가? 행복감을 느끼는 시간은 얼마나 오래가는가? 자주 슬퍼하는가? 언제 차분해지는가? 자주 그러한가? 자신의 이미지를 어떻게 대하는가? 오늘의 자신이 마음에 드는가?

건강: 신체지수는 어떠한가? 말랐는가 뚱뚱한가? 체중이 또 늘었는가? 통통한 편이라면 그 원인은 무엇이라고 생각하는가? 많이 먹어서인가?

이런 기록을 1개월 이상 지속하면 정서 데이터를 수집하면서 더 많은 것을 알게 된다. 그리고 과거부터 줄곧 있었지만 몰랐던 문제를 분명히 볼 수 있게 된다. 또한 그 원인까지도 알 수 있다. 이를 통해 생각의 각도를 조정할 수 있고, 본질적인 해결 방법을 찾을 수 있다.

이런 무미건조한 기록을 2개월 이상 지속한다면 신기한 효과를 볼 수 있다. 기록이 쌓일수록 정서 관리의 장점을 느낄 수 있다. 또한 자아 통제력을 향상할 수 있는 방법을 쉽게 발견할 수 있다. 이러한 과정에서 다른 사람을 잘 이해할 수 있게 되어, 예전처럼 쉽게 분노하거나 수줍어서 머뭇거리지 않게 될 것이다.

이러한 방식은 얼마나 지속해야 하는가?

평생 습관이 될 때까지 계속 기록한다. 주의할 것은 여러 기분을 추적하여 일지로 기록할 때, 기분을 모으는 것이 아니라 데이터를 목적에 맞게 수집해야 한다. 동시에 부정적인 정서는 감옥에 가둔다. 이것이 핵심 목적이다. 최대한 많은 문제를 보고 나서 방법을 생각해야 한다. 이렇게 하면 목적에 맞는 결과를 얻을 수 있다.

6장

적극적으로 표현하는 사람:

나의 관점을 말하고 당당한 태도를 보여라

●

표현하는 법을 배우고,

자신의 장점을 잘 드러내고

점점 더 잘 표현하게 되었을 때

자신감이 더 향상된다.

당당하게 타인의 요구를 거절하고

요구할 것은 당당하게 요구하자.

수줍어하지 않고
표현할수록 인정받는다

내가 부끄러워할 때 다른 사람은 뻔뻔해지는 것이 이 세계의 현실이다. 이 법칙에서 벗어나는 사람은 아무도 없다. '부끄럽다'라는 식의 수줍음은 내성적인 사람들의 본능적인 반응이다. 하지만 '뻔뻔한 것'은 이와는 달리 분명한 인생의 방향이자 생존 개념이며 경쟁 도구이다. 내성적인 사람이 본능의 영향으로 부끄러워한다면 경쟁력은 당연히 약해진다. 잔혹한 생존 패턴에서 결점을 여실히 드러내고 만다. '생각이 출구를 결정하고, 관념이 미래를 결정한다'라는 말이 딱 맞다. 어떻게 생각하느냐가 성공 여부를 결정하며, 어떠한 관념을 가지고 있느냐가 어떠한 인생을 만들지를 결정한다. 당신이 모르는, 내성적인 성격의 단점은 다음과 같다.

1. 내성적인 성격 때문에 잘 표현하지 못한다

생각을 표현하는 것을 수줍어하며 상대방이 알아주기만을 기다린다. 하지만 현대 사회에는 넓은 인내심과 도량으로 당신의 뜻을 짐작할 수 있을 만큼 여유로운 사람이 많지 않다.

2. 내성적인 성격 때문에 기회를 잃는다

외향적인 사람은 잘 표현하고 도전적이다. 외향적인 사람들 사이에서 부끄러움을 타는 사람이 관심을 받기란 쉽지 않다. 아무리 그들보다 몇 백 배 뛰어난 능력을 지녔더라도 그 능력을 알아봐주는 사람은 거의 없다. 술 향기가 좋다면 골목 깊숙이 있어도 찾아간다지만 그래도 적극적으로 내뿜어야 사람들이 그 향을 맡을 수 있다.

3. 내성적인 성격 때문에 거절하지 못한다

내성적인 사람은 보통 화가 나도 아무 말도 하지 못하고, 하고 싶은 말이 있어도 좀처럼 입을 열지 않는다. 망설이다가 자신의 원칙을 잃고, 의욕과 야망이 넘치는 사람들에게 이익을 빼앗기고 만다. 용기를 내어 입을 열려고 할 때는 이미 기회는 떠나고 없다.

4. 내성적인 성격 때문에 친구를 잃는다

수줍음은 종종 착해 보이거나 어떤 좋은 품성처럼 보이기도 한다. 하지만 문제는 좋은 물건을 알아보는 사람이 얼마나 되냐는 것이다. 내성적이면 분명 교류와 소통에 능숙하지 못한다. 이런 사람과 이야기를 나누고 싶어 하는 사람은 많지 않다. 친구가 되기란 더더욱 어렵다.

수줍어하는 사람은 결국 '고용형 인재'만이 될 수 있다.

똑똑하고 머리가 좋으면 좋은 직장을 구하고, 능력을 인정받으며 잘나갈 것이라고 많은 사람들이 착각한다. 그들은 실력이 우선이지 조금 수줍어하거나 조금 내성적인 것은 아무 상관없다고 믿는다. 하지만 우리가 목격하는 것은 정반대다. 자신의 지적 수준 향상에만 집중하고 외향적으로 표현하는 능력이 부족한 사람은 고용형 인재에 그쳐, 업무상 빼어난 성과를 기대할 수 없다.

고용형 인재란 무엇인가? 간단히 말하면 고용되어 지배받는 인재이다. 그들은 지배받고 부림을 받는다. 마치 나사못처럼 작업 라인의 일부로 쓰일 뿐이다. 그들은 거절할 능력이 없다. 이러한 사람들은 독립적인 사고 능력이 부족해 한층 더 발전할 기회라는 것은 기대할 수도 없다.

이제 생각해보자. '나의 표현 능력은 몇 점일까?'

만약 다른 사람의 도움을 받고 싶고 실제 업무에서 자신의 이익을 지키며 미래를 선택할 권리를 갖고 싶다면, 수줍어하는 결점을 반드시 고쳐야만 한다. 수줍음은 때로 귀여워 보일 수도 있다. 하지만 대부분 당신의 가치를 떨어뜨린다. 항상 수줍어하는 사람은 업무상의 멘토나 인생의 스승을 만나도 그들 눈에 들지 못한다.

그러므로 능동적으로 표현하는 법을 배우는 첫 걸음, 거절하는 능력을 가질 수 있는 기초는 자기 안에 있는 수줍음의 본능을 들여다보는 데서 시작된다. 이를 바로잡아가며, 적극적이고 자발적으로 소통하는 법을 먼저 배워야 한다는 사실을 깨닫는 것이다.

소통은 참 많은 것을 해결하는 만능 열쇠

●   소통 능력이 바로 말하기 능력이다. 자신은 소통할 줄 모르는 내성적인 사람이라며 말을 잘 하지 않거나, 감히 말을 꺼내지도 못할 수 있다. 이들은 시간이 흐를수록 수줍음만 늘어 자발적으로 잘 표현하지 못하게 된다. 그럴수록 소통 능력은 점차 떨어지고 결국 바닥을 드러낼 것이다. 수줍음 자체가 나쁜 것이 아니라 수줍음으로 인해 연쇄 반응이 일어나는 것이 무시무시한 것이다.

바람직한 소통은 문제를 해결하고 일을 성공에 이르게 하는 가장 기본적인 요소다. 소통을 잘하는 것은 인생 관리의 과학을 파악한 것과 다름없다. 동시에 우리의 지식, 기술을 사회생활과 업무 중에 더 잘 발휘하도록 하고, 여러 분야에서 성공을 거둘 수 있도록 해준다. 소통 능력이나 말하는 능력은 인생에서 매우 중요하다.

일상생활이나 직장생활에서 많은 사람들이 소통에 장애가 있다고 생각한다. 거절하고 싶지만 거절할 능력이 안 되고, 소통하고 싶지만 뜻대로 되지 않는다는 것이다. 이런 경우는 스스로도 답답할 뿐 아니라 상대방까지도 곤란하게 만든다. 이렇게 시간이 흐르다 보면 소통 장애로 인해 더 많은 갈등이 유발되고 결국 어떤 일도 이루지 못하게 된다.

이러한 상황에 이르는 이유는 대부분 두 가지다.

1. 정보의 발견과 지각 능력의 불균형 때문이다

똑같은 정보를 각각 다른 사람에게 전달하여 되돌아온 반응은 전혀 다르다. 왜 그럴까? 정보를 전달하고 전달받는 과정에서 주관적인 요소의 영향을 받기 때문이다. 정보를 받는 사람의 지위, 연령, 환경, 교육 수준, 정보를 제공하는 사람과의 관계 친밀도 등 다양한 요소의 영향으로, 정보가 도착했을 때는 여러 가지 다른 여과를 거쳐 심지어 왜곡되기도 한다. 또한 정보를 받는 사람은 자신의 상황에 따라 이해하고 판단한다.

이러한 지각능력의 차이가 소통 효과를 크게 떨어뜨려서 시간, 재원, 물자 등 비용 낭비와 손실로 이어지는 것이다.

2. 문제가 코앞에 있어도 사건의 본질을 보지 못한다

대부분의 문제들은 보이는 것처럼 간단하지 않다. 실제로는 더 깊은 차원의 의도가 있다. 소통 과정 역시 그렇다. 문제의 표면에만 그친다면 그 핵심은 파악하지 못하게 된다. 문제의 본질에 접근하여 실질적인 상황에서 출발해 깊이 이해해야만 시행착오를 피할 수 있다.

예컨대, 당신이 관리자이고, 주변에 최근 들어 근무 태도가 소극적이고 하는 일마다 실수를 저지르는 부하가 있다고 하자. 표면적으로만 본다면 불성실하며 업무 태만을 일삼는 이 부하는 불합격이다. 이때 당신이 그의 생활을 다각도로 이해할 수 있다면 이 직원에게 최근 문제가 생겼음을 발견할 수 있을 것이다. 그가 문제를 해결할 수 있도록 도움을 준다면 당신은 직원으로부터 존경을 받고, 소극적으로 일하는 직원 대신 적극적으로 참여하는 직원을 얻는 것이다.

다시 말해 어떤 일을 거절하기 전에 반드시 소통으로 그 본질을 파악하고 난 뒤에 결정해야 한다. 이렇게 하면 우리의 결정은 최대한 객관성을 유지할 수 있어, 주관적인 요소와 실수를 배제할 수 있다.

어떻게 하면 자발적이고 능동적으로 표현할 수 있을까?

많은 사람들이 표현하는 데에 어려움을 겪는 것은 언어 종합 능력 때문이다. 마음속으로 생각하는 것은 분명하고 어떻게 된 일인지 잘 알고 있다. 하지만 생각이 말로 바뀌는 순간 무엇인가 분명하지 않고 무슨 생각인지 잘 이해가 안 되며, 자신의 관점을 어떻게 추론해야 할지 난감해진다. 그러면 타인에 대한 부정이나 긍정은 아무런 힘을 갖지 못하게 되고 타인도 믿고 따를 수 없다. 이러한 과정에서 두 가지 논리의 혼란이 나타난다.

1. 겉과 속이 다르다. 마음속으로 생각한 바는 이러한데, 말로 표현하면 다른 뜻이 된다.
2. 무슨 말인지 모르겠다. 자신조차 자신이 무엇을 말하는지 모르겠다. 그러니 듣는 사람은 더더욱 알 리 없다.

이 두 가지 논리 혼란 문제는 종종 정보를 표현하고자 하는 쪽에서 벌어진다. 장황하게 설명하며 상대방이 전부 이해하기를 바란다. 하지만 상대방은 무슨 말인지 전혀 이해하지 못한다. 때로 흩어진 퍼즐 조각 같은 정보를 전달하기에 여념이 없다. 하지만 상대방은 맞추지 않은 퍼즐의 정보를 이해할 리 없다.

나를 알고
적극적으로 표현하라

●   '내가 적극적으로 표현하기만 하면 원하는 대로 다 될 거야!' 모든 사람들은 이렇게 생각한다. 구체적인 소통의 과정에서 말을 하지 않고 시간이 흐를수록 당신은 더더욱 말을 하지 못하게 된다. 거절하는 것과 같다. 처음에 말을 못하고 몇 분이 흐르면 거절할 용기를 잃고 만다.

어느 날 워싱턴대학의 학생 수백 명이 워런 버핏과 빌 게이츠의 강연을 듣는 행운을 얻었다. 한 학생이 물었다.

"어떻게 하느님보다도 더 부자가 될 수 있었죠?"

이에 대해 워런 버핏은 이렇게 대답했다.

"아주 간단합니다. 답은 IQ에 있지 않고 그 성격과 기질과 습관에 있습니다. 왜 똑똑한 사람이 자신의 능력을 최대한 발휘하는 것을 방해하는 일을 할까요? 그 이유가 바로 여기에 있습니다." 워런 버핏의 대답에 빌 게이츠도 동의했다.

그렇다면 성격, 기질, 습관은 무엇일까? 당신이 적극적으로 표현할 수 있는지, 머뭇거리지 않고 표현하는 습관을 가졌는지가 그 가운데 중요한 부분이다. 일에서나 일상생활에서 모두 마찬가지이다. 성공에 있어서 튼튼한 건축물의 철근 골조와 같다. 지식은 골조를 둘러싼 시멘트에 불과하다.

성공하고 싶다면 자신이 무엇을 하는지, 앞으로 무엇을 하고 싶은지 알아야 한다. 당신이 의미 있게 살고 싶다면 자신에게 중요한 사람이 누구인지 반드시 알아야 한다. 그러고 나서 연계된 공간을 구축한다. 그 안에서 긍정적인 힘을 흡수한다. 힘 있는 사람이 되고 싶다면 겁내지 말고 적극적으로 표현해야 한다.

누군가에게 무엇을 좋아하는지, 무엇에 흥미가 있는지 물을 때, 가장 듣고 싶지 않은 대답은 "몰라요"다. 그들은 자신의 생각을 말하기를 겁내고 있다. 하지만 실제로 많은 사람들이 자신이 도대체 무엇을 하고 싶은지 또는 무엇에 흥미를 느끼는지 정말로 모르겠다고 하소연한다. 그들이 말하지 않고 시간이 흐를

수록 자신이 무엇을 하고 싶은지, 인생 목표가 무엇인지 더더욱 알 수 없게 된다. 표현하지 못하면 당신은 방향을 잃고 미래의 활로를 찾을 수 없게 된다.

호아킨은 망연한 눈빛으로 말했다.

"선생님, 제 전공은 나쁘지 않습니다. 지식 면에서 스스로 우수한 졸업생에 속한다고 생각해요. 하지만 인생의 중요한 선택의 기로에서, 어떤 업종에 들어가서 어떤 일을 해야 할지 선택할 때는 꽉 막힌 방에 갇힌 것처럼 막막하게 느껴져요. 어디로 나가야 할지 어느 방향으로 발을 내딛어야 할지 모르겠어요."

"기분이 어떠세요? 지금 말해보세요. 제 조언을 듣기 전에 먼저 자신의 계획을 말해보세요."

그는 말없이 한참 있었다. 실제로 그의 마음속에는 생각이 있었을 것이다. 단지 수줍음이나 열등감과 같은 원인 때문에 말할 용기가 없고, 나와 소통하고 교류할 자신감이 부족했던 것이다.

호아킨처럼 스스로도 무엇에 흥미가 있는지 모르고 말할 용기가 없다면 그의 미래에는 분명 두려움이 도사리고 있다는 사실을 명심해야 한다. 이러한 상태는 중심을 잃거나 외롭고 방향감각을 잃은 것과 같다. 자신의 마음조차 이해하지 못하고 가장 기본적인 '내 생각을 표현하는 것'조차 하지 못한다면, 다른 사람과 어떻게 협동하고 미래를 꾸려나가며 운명을 개척할 수 있겠는가? 불가능하다!

생각을 정확히 표현하지는 못하더라도 자신이 무엇에 흥미가 있는지는, 약간의 흥미라도 있다면 금방 알 수 있다고 믿는다. 자신이 무엇을 좋아하는지 알고, 좋아하는 것을 다른 사람에게 말하는 것은 매우 중요하다.

어떤 일은 다른 사람에게 알려야만 이해받을 수 있다. 우리가 자신을 향상시키는 목적 또한 타인에게 알리고 이해받기 위한 것이 아니겠는가? 그러므로 용기를 내 말해야 한다. 반드시 적극적으로 변해야만 한다.

이해부터 먼저,
소통은 그다음

● 　　　　소통을 통해 자신의 생각을 표현하는 것은 가장 쉽게 볼 수 있는 교류 방식이다. 소통은 가장 흔한 표현 도구로, 특히 대면 소통은 편지나 이메일 등 다른 도구보다 훨씬 중요하다. 타인의 말을 잘 듣고 이해하는 것은 가장 기본적인 소통 능력과 통찰력을 대변하며, 자신을 표현할 용기를 충분히 지녔는지를 결정한다.

　　레이는 전기회사의 영업부에서 근무한다. 능력이 남다른 그의 월별 판매 실적은 항상 상위권을 유지했다. 하지만 어쩐 일인지 승진에서는 번번이 미끄러져 레이 본인뿐만 아니라 동료들까지도 모두 의아하게 생각했다. 하지만 그와 교류해보니 문제점을 찾아내는 것은 어렵지 않았다. 매월 초 부서장이 월별 계획을 세우도록 지시했을 때 레이는 시내 빌딩 몇 채의 리모델링 전기 공사 등 수십 건의 계약을 따내겠다고 호언장담했다.

물론 그는 자신이 있었다. 영업 능력도 뛰어났고 표현력도 뒤지지 않았기 때문이다. 하지만 이건 허풍이 좀 심했다. 그렇게 말하기 전에 실제 상황에 대해 전혀 이해하지 않았고 동료들의 영업 실적도 파악하지 못했다. 그러므로 월말이 되어 레이의 영업액은 여전히 선두를 차지했지만 그는 자신의 '계획'을 달성하지 못하게 된 것이다. 부서장은 이를 못마땅하게 생각했다. 레이는 안 되면 말라는 식으로 상사의 기대만 높여놓고 완수하지 못했다.

레이의 태도는 그의 소통 능력이 얼마나 부족한지를 보여준다. 겉보기에 레이는 말주변도 좋고 당당하게 말하고 행동하는 것 같았다. 하지만 말하기 전 실제 상황에 대해 전혀 이해하지 못하고 상사가 어떤 사람인지도 파악하지 못하고 있었다. 때문에 일단 말을 잘못하면 심각한 결과를 떠안게 됐다. 상사는 더는 그를 신뢰하지 않았고 중요한 자리를 맡기려 하지 않았다.

소통 수준은 학습 능력과 분석 능력과 관계가 깊다. 뛰어난 분석력을 가지면서 소통 대상에 대해 미리 이해해야만 어떠한 위치에서도 안정적으로 자리매김 하고 성공 가능성을 확보할 수 있다. 이러한 분석력은 어떤 면에서 나타날까?

소통하는 상대방에 대한 반복적인 이해를 통해 자신의 언어를 가다듬게 되고, 이러한 정보는 우리의 인간관계에 효과적인 도움을 준다. 즉, 성공적으로 표현이 가능하게 만들어 소통의 목표를 실현하도록 한다. 소통할 때 이러한 과정을 생략하는 사람은 인간관계에서 자주 문제가 발생한다. '말은 많지만 맥락이 없고 설득력이 부족한 사람'으로 전락하고 만다.

드래그는 이렇게 말했다. "소통에는 반드시 이견이 동반되어야 한다. 이것은 우리가 취하려는 기술과는 무관하다. 아무리 훌륭한 소통 기술이 있어도 의견이 불일치하는 상황을 만날 수밖에 없다. 그렇다면 우리는 어떻게 이견에 대응하고 최종적으로 합의에 이를 수 있을까?"

아주 좋은 질문이다. 평소 다른 사람과 다툼, 반박, 충돌에서 이길 때도 있을 것이다. 하지만 그것은 공허한 승리다. 상대방의 호감은 얻지 못했기 때문이다. 다시 말해서 이견을 존중하지 않고 상대방의 위에 서려고만 하는 패권적인 승리는 아무런 의미가 없다. 그렇다면 건전하고 모두가 이익을 얻을 수 있는 소통을 하기 전에 무엇을 해야 할까?

반드시 사람을 분석하고 시장을 분석하고 더 많은 사람을 분석할 줄 알아야 한다. 이 세계는 무수히 많은 사람들로 이루어져 있다. 인간의 본성을 이해하고 사람들의 심리적 약점을 파악하면, 소통에서 승리할 수 있는 열쇠를 쥐게 되어 마음의 문을 열 수 있다. 그러므로 대단한 경지에 이른 성공한 사람들은 사람의 마음을 꿰뚫어 볼 수 있고 상대방이 마음 깊이 원하는 것을 이해할 수 있다.

그렇다면 우리가 알아야 할 마음 깊이 원하는 것은 무엇인가?

1. 문제의 본질을 발견한다. 당신은 때로 표면적인 현상만을 본다. 하지만 배후의 본질은 현상과 정반대일 때가 많다.
2. 다른 사람의 의견을 충분히 참고한다. 당사자보다 제3자가 더 잘 안다. 반드시 다른 사람의 입장을 들어야 한다.
3. 마음속으로 진정 원하는 것을 발견한다. 이것은 표면적인 필요와는 달리 마음 깊이 숨겨져 있는 장기적인 목표이다. 그것은 쉽게 변하지 않는다. 일시적이고 약한 것이 아니다. 이것을 발견하는 사람은 상대방의 부드러운 도움의 손길을 얻게 될 것이다. 이렇게 이해를 통해 소통하고 서로 상생을

실현하는 것이 소통의 마지막 한 걸음이 된다.

합리적인 소통에는 다음과 같은 요령이 필요하다.

1. 어느 부분에 이견이 있는지 파악하고 찾아낸다. 그러고 나서 이견을 공개적으로 털어놓고 상대방의 무리한 관점을 당당하게 거부한다.

2. 이견의 원인을 찾아내는 동시에 공통점을 찾아 공감대를 형성한다.

3. 건설적인 의견을 낸다. 예컨대, '당신은 왜 상대방과 이견이 있는가?'처럼 냉정하게 생각하고 사실대로 당신의 이유를 설명한다.

4. 당신이 왜 이런 태도를 고수하는지, 그의 요구를 왜 거부하는지 상대방의 입장에서 설명한다. 이때 반드시 논리적으로 설명하며 상대방이 충분한 시간을 갖고 이해하도록 한다.

5. 합의에 이르러 상대방의 이익을 먼저 만족시켜주고 자신에게 필요한 것을 만족시킨다. 쌍방이 통일된 입장으로 작은 것을 버리고 큰 것을 취해 적극적으로 소통하여 이견을 없앤다.

침묵을 깨면
시작이 가벼워진다

●   성공적인 표현이나 소통에 있어서 그 시작이 매우 중요하다. 처음부터 끝까지 다 잘했어도 상대방의 침묵에 맞닥뜨린다면 문제는 심각해진다. 상대방이 침묵했다고 해도, 상대만 탓하고 책망할 것이 아니라 서둘러 손을 써서 최대한 자신의 아량, 관용, 침착함을 보여줘야 한다.

침묵은 때로 대화 중에 '관찰 수단'으로 사용될 수 있다. 어떤 사람은 일부러 이러한 방식을 통해 자신의 교류 대상이 충분한 교양을 갖추었는지 관찰한다. 이때 당신이 가만히 앉아 있지 못한다면 그것은 '자기 폭로'와 다름없다.

그렇다면 침묵은 무엇을 의미할까?

1. 당신의 화제에 관심이 없고 아무 말도 하고 싶지 않다

그의 기분을 보고 이 이유가 맞는다고 판단되면 곧바로 화제를 전환하여 상대방이 좋아할 만한 일에 대해 새로 이야기를 시작한다. 구체적인 상황에 따라 흥미로운 화제를 선택하도록 할 수도 있다.

2. 당신이 말하려는 화제나 당신의 거절에 대해 생각해보지 않았다

때로는 상대방이 당신의 화제에 대해 관심은 있지만, 스스로 준비가 미흡하여 어떻게 말해야 할지 난감한 상태에 있을 수 있다. 아니면 그는 당신이 그의 조건, 부탁 또는 관점에 대해 반드시 승낙할 것이라고 생각해 당신이 곧바로 거절하리라고는 미처 생각하지 못했을 수도 있다. 때문에 그는 어쩔 줄 몰라 하다가 당신의 말에 침묵으로 대응했을 것이다.

이런 때에는 어떻게 해야 할까? 유도하는 방식으로 그의 영감을 이끌어내어 그의 생각을 자극할 수 있다. 대화 중 일어난 침묵은 자연히 사라지고 활발한 대화를 통해 충분히 그를 설득할 수 있게 된다. 물론 이런 과정에서 당신은 절대로 부끄러워해서는 안 된다. 그렇지 않으면 오히려 상대방에게 설득당할 것이다.

3. 당신에 대해 단단히 방어하거나 편견을 가지고 있다

당신이 무슨 말을 하든 어떻게 말하든 그는 아랑곳하지 않는다. 이런 상황은 분명 매우 심각하다. 당신은 분명 진지하게 대해야 한다. 그가 왜 당신을 방어하는지 생각해보라. 어느 부분이 틀려서 그에게 좋지 않은 인상을 남겼는지 생각해보아야 한다. 그러고 나서 비공식적인 대화 분위기를 만들려고 노력하라. 당신이 솔직하며 어떤 관점이라도 진심으로 대할 것임을 알리고, 상대방이 솔직하게 당신과 대화하도록 지지하고 격려해야 한다.

동시에 당신 역시 상대방의 관점을 반박하고 부정하는 데 급급하지 말고 그가 말을 다 마칠 때까지 기다린 뒤에 설명해야 한다. 그가 완전히 돌아선 것만 아니라면 이러한 방식으로 상대방의 의혹을 차츰 해소시킬 수 있다. 다시 그와 대화를 이끌어갈 수 있고 당신은 승리하게 될 것이다.

4. 지나치게 겸손하고 신중해 난처한 상황이 생겼다.

가장 해결하기 쉬운 문제이다. 대화의 경쟁 분위기만 강화하면 된다. 열정적이고 흥미로운 화제로 상대방의 표현 욕구를 자극하여 대화로 끌어들여, 서로 간에 흐르는 침묵을 깰 수 있다. 동시에 이런 과정에서 자신의 진짜 관점을 보이면서 상대방이 당신의 의도를 오해하지 않도록 한다.

그렇다면 서로 간에 흐르는 침묵은 어떻게 깰 수 있을까? 이때 돌아보는 시간은 필수이다. 이는 지나간 시간에 대한 결론이자 앞으로 두 사람의 관계 정립에 대한 생각이다.

1. 서로 잘 알지 못할 때

대부분 난처한 상황은 서로가 '잘 알지 못한' 데서 기인한다. 처음 만난 친구, 동료, 고객 사이에서는 모두 일시적인 침묵이 생길 수 있다. 시작은 어려운 법이다. 대부분의 사람이 무슨 이야기를 해야 좋을지, 상대방이 무엇에 흥미가 있는지 알지 못한다. 이렇게 낯선 관계에 대해서 먼저 자기소개를 하고, 상대방보다 먼저 나서서 더 열정적인 사람을 자청하며 그의 말문을 연다.

사람들과 어울리며 새로운 관계를 여는 것이 얼마나 어려운 일인지 우리 모두 잘 알고 있다. 사람들은 습관적으로 방어적인 태도를 취하여 먼저 상대방을 탐색하고, 이 관계를 그대로 유지할지 아니면 더 깊이 발전시킬지 결정한다. 그러므로 서로의 대화를 최대한 더 다양한 부분으로 넓혀 그중에서 공통 화제를 찾아, 상대방의 방어 심리를 해제해야 한다.

2. 과거 많은 갈등을 겪었을 때

서로 잘 알지만 서로 등을 돌린 경우도 많다. 과거 갈등이 있었거나 서먹한 일이 있어 서로 간에 침묵이 생길 수 있다. 이때는 먼저 자세를 낮춰 말을 걸고 그의 체면을 세워준다. 우호적인 신호를 보내면 침묵을 깰 확률을 확실히 높아진다.

3. 서로의 관점이 달라 방금 격렬하게 다투었을 때

다툼이 발생하여 원만한 대화를 이어갈 수 없을 때, 우선 서로 침착하게 마음을 가다듬고 한 걸음 뒤로 물러난다. 다툼을 야기한 장애물을 피해 이견이 없는 문제들에 대해 먼저 이야기한다. 상황이 심각하다면 제3자에게 대화에 함께 참여해달라고 요청하여, 분위기를 원만하게 바꾸어 침묵을 깨는 것도 방법이다.

가능한 조건 속에서 예측하기 어려운 간섭 요인들을 최대한 배제해야 상대방이 적극적으로 대화에 참여하여 유쾌하게 소통을 마칠 수 있다. 그렇지 않으면 이야기 하는 도중에 서로 언짢게 헤어질 수 있다. 침묵은 분명 대화에 도움이 되지 않는다. 그러므로 모두가 조심할 필요가 있다. 일단 대화가 침묵에 빠지면 그동안의 모든 노력이 물거품이 된다. 애초의 목표를 실현하기 어려우며 상대방이 당신의 관점을 받아들이도록 설득할 수도 없다.

소통은
리듬을 타고 흐른다

●   좋은 표현력이란 우선 신속하게 자신의 목적과 금기 사항을 말하여 상대방에게 직접 뜻을 전달하고, 빠른 시간 내에 응답을 받는 것이다. 그리고 당신이 바라는 목표와 결코 바라지 않는 목표를 분명히 말한 뒤 소통의 핵심 단계가 시작된다. 이때, 최대한 생각을 짜내 실현 가능한 대화, 서로가 목표한 바를 모두 이룰 수 있는 가장 좋은 방법을 찾아야 한다.

이것이 결코 쉽게 해결되거나 빠르게 처리할 수 있는 문제가 아니라는 것을 인정해야 한다. 효율적인 소통은 언제나 이렇게 어렵다. 설득이나 거절 모두 쉬운 일이 아니다.

한 창업자가 말했다. "제가 봤을 때 소통의 가장 큰 문제는 각자 자기 얘기만 한다는 거예요. 목적도 같고 성실하게 임하지만 하나가 되지 못해 아쉬움이 남아요!" 왜 자기 이야기만 할까? 표현의 핵심 단계에서 서로 초점을 맞추지 못하고 자신의 목적을 분명히 말하지 않았기 때문이다. 하지만 서로 성실한 마음을 가지고 있다면 각자 문제에 대한 각도를 조절하고, 문제를 바라보는 시각을 바꾸어 먼저 상대방에게 다가갈 수 있다. 원칙도 있고 협상의 마지노선도 지킨다는 전제 하에 계속해서 상대방 마음을 헤아려본다. 서로의 공통된 수요를 조합한다면 같은 소통의 리듬을 찾을 수 있다. 이렇게 되면 서로 유쾌하고 효율적으로 소통을 이어갈 수 있어, 짧은 시간 안에 문제를 해결할 수 있다.

1. 표현의 고수는 대화를 통해 무엇을 얻고 싶은지 분명히 안다

이것이야말로 대화의 핵심이다. 애써서 누군가를 만나 이야기하면서 자신조차 왜 그런 말을 하는지 모를 이야기들을 털어놓아선 안 된다. 대화의 고수에게는 있을 수 없는 일이다. 그들은 대화의 과정에서 항상 목표를 견지하고 함부로 주의를 돌리지 않으며, 상대방이 계획한 함정에 빠지지 않는다.

2. 표현의 고수는 문제를 전면적, 객관적으로 분석하며 맹목적이고 충동적으로 거절하지 않는다

전면적인 것은 모든 요소를 고려하는 것이다. 어느 한편의 정보만으로 섣불리 판단하지 않는다. 객관적인 것은 이성적인 것이다. 그들은 '이것 아니면 저것' 식의 바보 같은 선택은 하지 않는다.

류○○ 씨는 회사가 지나치게 가혹하다며 원망을 터트렸다. 그녀는 이 회사에서 일한 지 13년이 되었으며 같은 직급 중에서 가장 적은 임금을 받고 승진도 하지 못했다고 했다.

"도대체 이 세상은 왜 이렇죠? 부익부 빈익빈이 너무 심하잖아요. 도저히 이해가 안돼요."

류○○ 씨는 '바보 같은 선택'의 질문을 던졌다. 그녀의 질문에 대답하는 사람은 이것 아니면 저것을 선택해야 하는 상황에 직면하게 된다. 그녀의 관점에 동의하거나 아니면 부정하거나. 하지만 켈리는 그녀에게 말했다.

"왜 다른 쪽에서 원인을 찾아보지 않죠? 부유한 사람이 더 부자가 된 것은 그들이 가난한 사람보다 더 노력했기 때문이고 가난한 사람은 되는 대로 사는 게 습관이 되어버려서 상황이 더욱 심각해진 거죠."

켈리는 자료를 자세히 검토하고 그녀의 과거를 꿰뚫어 보더니 핵심적인 문제를 찾아냈다. 류○○ 씨는 회사에서 제공하는 교육 중 90%에 달하는 재충전 기회를 거부했다. 회사에서 이렇게 긴 시간 동안 일을 했지만 재충전할 기회는 몇 번 없었던 것이다. 업무 능력이 늘 제자리걸음이고 높은 임금을 받지 못한 것은 당연한 결과였다.

이 문제를 그냥 지나칠 수는 없다. 우리는 그녀에게 이 사실을 알려주기로 했다. 이것은 소통의 중요한 단계였다. 이 일을 분명하게 말해 자신의 문제를 깨달아야 인생에 직면한 난관을 해결할 수 있을 것이다. 그래야만 앞으로의 교류에서 더 나은 실력을 발휘할 수 있을 것이다.

하지만 다른 상황이 있다. 본의 아니게 복종하는 사람은 여전히 자신의 입장을 고수하면서, 입으로는 당신의 관점에 동의하는 척하지만 내심으로는 여전히 동의하지 않는다. 이러한 사람들을 어떻게 설득하고 적절히 거절하여, 당신 견해를 듣고 이해하도록 할 수 있을까? 위의 방법대로 성실과 존중만으로는 부족하다. 스스로 당당하고 과감하게 표현해 핵심 문제에 대해 상대방을 설득해야 한다. 설득의 핵심 단계에 대해 과감하게 밀고 나가면서 몇 가지에 주의해야 한다.

1. 결정적인 순간에 수줍어하지 말라

중요한 문제에 직면했을 때 습관적으로 침묵을 유지한다면 당신의 삶에는 비극이 시작된다. 조사에 따르면 44.5%의 사람이 중요한 일과 관련된 대화를 나눌 때 자신도 모르게 침묵하게 된다고 응답했다. 핵심 문제에 대해 말하지 않으면 대화는 물로 변하게 된다. 어떤 요구를 해야 할 때 수줍어하거나, 중요한 일을 이야기 할 때 갑자기 어떻게 해야 할지 몰라 한다. 이는 일반적으로 나타나는 행동이며 생활에서 반드시 고쳐야 한다.

2. 부정적인 느낌을 자발적으로 말하고 거절을 표시한다

부정적인 느낌을 숨기거나 회피하려고 하지 말아야 한다. 특히 중요한 화제나 대화의 핵심 단계에서 직접적으로 진심을 표현해야 한다. 상대방이 듣고 보고 느끼게 만들어야 그가 비로소 당신의 필요를 진심으로 고려하고 당신의 마음을 느낄 수 있다.

이러한 대화에서 부정적인 느낌을 억제했을 때 나타나는 결과는 참담하다. 특히 이러한 불편한 대화 방식에 오랫동안 고통받았다면, 응어리진 부정적인 느낌, 고통스러운 정서는 점차 인내심의 한계를 넘어 서서히 건강을 해친다.

3. 자발적으로 상대방에게 다른 의견을 말할 것을 청한다

실제 일상생활이나 업무상 대화, 특히 중요한 문제에 대한 대화할 때 모든 사람은 자신의 입장을 가지고 있다. 이 입장은 당신과 다를 수 있고 심지어 대립되는 입장일 수도 있다. 하지만 그렇다고 해서 모든 관계가 틀어지지는 않는다. 최악의 결과를 초래한 것은 표현 방식이다. 다시 말해 상대방 이견을 억압할수록 갈등이 극대화되어 상대방의 불만을 초래한다. 그러므로 상대방에게 충분히 표현할 수 있도록 한다면 이러한 위험은 오히려 줄어들 것이다.

4. 실패한 소통의 결과를 받아들여야 한다

많은 '나쁜 대화' 상황에서 미리 소통 실패에 대한 마음의 준비를 한 경우, 까다로운 문제로 상대방을 설득하지 못했을 때 정서 기복이 심하지는 않았다. 하지만 반대의 경우 더 까다로운 문제에 직면하고 그 뒤 일정 시간 동안 생활에 커다란 부정적인 변화가 나타났다. 이는 최악의 경우를 대비해 마음의 준비를 하는 것이 결정적인 대화에서 역시 꼭 필요한 소양임을 알려준다. 이를 통해 후퇴를 위한 충분한 공간을 마련하면서 미래에 대해서도 준비할 수 있다.

5. '대화가 끝난 뒤에 하지 못한 말을 후회하는 상황'을 피해야 한다.

많은 사람들이 대화 도중에는 중요한 말을 깜빡하거나 겁먹고 반대 입장을 말하지 못하고 대화가 끝난 뒤에 후회한다.

누구나 그럴 때가 있다. 어떠한 이유에서건 이런 상황에서는 누구나 낙담하고 자신감을 잃기도 한다. 분명 결정적 문제에서 약해지거나 위축된다. 그러므로 처음부터 이러한 상황을 피해야 한다. 특히 중요한 대화라면 더욱 그렇다. 이때 용기를 심어놓으면 그 뒤로는 더 수월해지고 더 담대할 수 있다.

6. 목표를 미루지 말라

대화가 핵심 단계에 진입했을 때 많은 사람들의 첫 번째 반응은 즉시 시작하는 것이 아니라 미루는 것이다. 자신감이 부족하거나 준비가 되지 않았기 때문이다. 서로의 대화가 일반적인 교류에서 핵심 대화로 올라갈 때 서툰 표현을 피하고 싶다면 가장 좋은 방법은, 주도해서 즉시 시작하는 것이다. 준비가 미흡하더라도 용기를 가지고 기회를 잡아야 한다. 미룰수록 문제가 나타날 확률이 높으며 대화는 흐지부지 끝나고 만다.

7장

실력파가 돼라:

세상은 어쨌든
실력이 우선이다

●

자신의 장기를 발휘하고

자신의 능력을 꾸준히 강화하면

점점 더 힘이 생기고

사람들이 존중하고 따르는 사람이 될 기회가 생긴다.

나만의 장점을 크게
생각하자

우리는 스스로 '자아 가치'를 찾을 수 있어야 한다. 스스로 선택하면서 남에게 무시당할 걱정은 전혀 할 필요가 없는 일은 무엇일까? 무엇을 하면 장점을 드러내고 저력을 내보이며 정당한 이익을 획득할 수 있을까?

자아 가치란 자신감, 자애심, 자존감이다. 성공적인 행복한 인생을 세우는 데 누구에게나 기본이다. 이 자아 가치가 부족하다면 성공적이고 행복한 인생은 꿈 같은 말일 뿐이다. 자신감과 자애심, 자존감이 충분하다면 가장 잘하는 것을 발견할 수 있고, 나만의 강점을 만들 수 있다. 나만의 강점이 있어야 심리적으로 더 안정되고, 사람들과 교류하고 거절하는 것을 겁내지 않을 수 있다.

자아 가치는 어떻게 만들어질까? 태어나면서부터 주어지는 것은 아니다. 하지만 분명 유전자 안에 존재한다. 사람의 자아 가치는 태어날 때부터 생긴다. 하지만 전반적인 성장 과정에서 매일 겪는 경험이 쌓여 차츰 형태를 갖추며, 결코 하루아침에 이루어지지는 않는다. 시간이 흐른다고 해서 저절로 생기는 것도 아니다. 매일 인생 경험이 쌓이고 다듬어지며 만들어진다. 서로 다른 경험을 통해 서로 다른 입장을 결정하며, 사물에 대한 주관적인 판단을 수정하고 키우면서 신념 체계를 만든다.

신념 체계는 굉장히 중요하다. 같은 환경에서 자라고 같은 경험을 하더라도 사람마다 신념 체계는 다르다. 신념 체계가 다르기 때문에 사물에 대한 주관적인 판단도 차이가 나고 자아 가치에도 역시 차이가 난다. 자아 가치가 부족하면 어떻게 될까?

1. 마음이 나약해진다

자신감과 자애심이 부족하면서 자존심만 강하면 쉽게 무너진다. 우유부단하며 지나치게 우려가 깊어 자칫 주관과 신념이 없어 보인다.

2. 쉽게 포기한다

자아 가치가 부족한 사람은 좋아하는 것을 쉽게 포기한다. 아주 적은 가치를 얻기 위해 거절하지 못하거나 자신과 남을 존중하지 않는다.

3. 고의적 행동이 늘어난다

고의적 행동으로 다른 사람에게 힘을 과시한다. 자신의 힘이 겉으로도 더 커보이게 과장하는 것이다.

4. 남이 결과를 주기를 기다린다

노력 없이 얻으려 하거나 적은 대가로 큰 이득을 얻기를 바라며 힘을 키운다. 하늘에서 성공이 뚝 떨어지기만을 바란다. 그러므로 유혹을 거절하기 어려워진다.

5. 타인을 질투한다

강자를 강하게 질투한다. 타인에게 상처를 주거나 헐뜯는 행동을 하기도 한다. 남을 끌어내리면 자신과 비슷해진다고 믿는다. 이런 방식으로 심리적 안정을 얻는다.

이 같은 화제에 대해 이야기하려면, 먼저 세 가지 질문에 대해 생각해야 한다. 내가 현재 직면한 현실은 어떠한가? 나는 현재 어떠한 사람인가? 나는 현재 어떤 상태에 있는가?

이 세 질문의 본질은 자아 평가이다. 자신의 장점을 평가하고 약점을 발견해 가장 경쟁력 높은 능력을 결정하는 것이다. 평가는 마치 거울을 보는 것과 같다. 거울 속 자신이 어떤 상태인지, 단점은 무엇인지, 장점은 무엇인지, 문제가 무엇인지 살펴보자. 이렇게 거울에 비추어보지 않는다면 자신감을 가지고 당당하게 밖으로 나가지 못할 것이다.

명확하게 자아를 평가하고 나서 나가면 확실히 자신감이 생긴다. 사람들은 누구나 성취욕이 있으며 현실을 개선하고자 하는 절박함이 있다. 예를 들어, '나는 더 높은 지위와 권력을 갖고 싶어' '나는 돈을 더 많이 벌어서 좋은 집을 살 거야' '나는 승진해서 돈도 많이 벌고 더 좋은 회사로 이직할거야' '나는 더 영향력 있는 사람이 될 거야……' 이러한 분명한 목표는 누구나 바라는 일이다. 하지만 어떻게 실현할 수 있을까?

자신에 대해 정확히 평가할 수 있는 사람만이 자신이 가장 잘하는 것이 무엇인지 정확하게 파악할 수 있다. 자신의 실력을 잡아야 현재 위치와 환경을 인정하고 구체적으로 딱 맞춰 개선할 수 있다. 현실을 받아들인 뒤 현실을 뛰어넘을 수 있도록 능력을 강화해 목표를 실현한다.

자신에 대해 정확하게 평가하려면 우선 자신을 받아들여야 한다. 아주 중요한 전제다. 자신을 받아들이는 것은 모든 약속에 대해 전가할 수 없는 책임을 진다는 의미다. 예를 들어, 어느 회사에 들어가기 위해 그 회사 담당자와 약속을 했다고 치자. 그는 책상 가장자리에 앉아 몸을 앞으로 기대고 하찮다는 듯 말한다. "당신을 고용하면 우리에게는 어떤 이점이 있을까요? 한번 들어나 봅시다."

이때 반드시 강점을 사실대로 말하고 자격과 조건을 설명해야 한다. 당신이 그들에게 꼭 필요하며 당신이 가진 강점으로 가치를 제공할 수 있다고 분명히 말해야 한다. 어느 회사든 비슷한 검사와 질문을 할 것이다. 그들은 당신이 어떤 사람이며 어떤 도움이 될지 분명히 파악하고 싶어 한다. 당신 능력으로 일을 잘 해낼지 판단하고, 최종적으로 당신을 고용했을 때 부여할 적합한 위치를 결정해야 하기 때문이다.

설령 고용되지 않더라도 평소 자아 평가에서 자신에 대해 유사한 검사를 진행해야 한다. 한 달에 한 번씩 시간을 내어 이러한 자아 평가를 실시해볼 것을 권한다.

능력-나는 어떠한 특별한 재능 또는 기술이 있는가?

용기-나는 동료와 경쟁할 용기가 있는가?

대가-내가 쏟은 노력은 충분한가?

성취감-나는 배우는 것을 좋아하는 사람인가? 나는 충전하길 원하는가?

이러한 질문은 반드시 스스로에게 물어야 한다. 그리고 진심으로 정확하게 자신을 이해해야 한다. 가장 좋은 방법은 내 기준이 아니라 제3자의 시선으로 생각해보는 것이다. 주관적인 의식을 완전히 포기해야만 진실한 내 자아의 모습을 발견할 수 있다. 다른 각도에서 얻은 정보를 종합하여 최대한 객관적으로 분석하고 판단해야 한다. 모두들 자기가 자신을 너무 잘 알고 있다고 믿는다. 그러면 나는 이렇게 대답한다.

"그럼요. 그 관점도 하나의 생각의 차이일 뿐입니다."

하지만 모든 사람들은 '자신도 속이고 남도 속이는' 심리와 행동 약점을 가지고 있다. 사람들은 약점에 대해 늘 이유를 찾고 실패에 대해 변명을 찾는다. 특히 자신에 대해 잘 알지 못해서 실패했다는 사실을 인정하고 싶어 하지 않는다. 따라서 나만의 시각을 벗어나 객관적인 자기 평가가 반드시 필요하다.

오랜 기간 이 분야에서 일하면서 나와 켈리, 드래그 교수 모두, 많은 사람들이 사실 자신이 처한 상황이 실제보다 훨씬 낫다고 믿는다는 사실을 발견했다. 일종의 맹목적인 낙관적 태도다. 자신이 사업에서 더 나은 성과를 이루지 못하는 이유가 외부에 있다고 생각한다. 실력이 아니라 운이 없다고 생각하는 것이다. 실력이 매우 뛰어나지만 운이 따르지 않거나 다른 사람이 훼방을 놓아서 성공을 거두지 못했다고 여긴다.

사람들은 최선을 다해 이 사실을 회피하려고 한다. 추진력이 부족하거나 고의로 미루는 단점을 무시한다. 집중해서 노력하지 않거나 책임감이 부족한 부분은 무시한다. 마땅히 져야 할 의무와 자신에게서 나타나는 모든 단점들을 적극적으로 회피한다. 때로 아무것도 모른다. 평소 자신에 대해 철저히 분석하지 않으며 되돌아볼 생각조차 하지 않는다. 반성의 습관이라고는 찾아볼 수 없다.

마지막으로 자신이 실제보다 오히려 더 부족하다고 생각하는 사람들이 있다. 자신감이 부족하고 일에 적응하지 못하며 어려운 도전을 회피하기도 한다. 그들은 열등감에 휩싸여 있다. 실패하고 싶지 않고 용기를 갖고 싶지만, 결과적으로 평생 평범하기 그지없고 특별히 내세울 만한 일을 해본 적이 없다. 이러한 경험이 쌓이다 보면 점점 자신감을 잃게 된다. 최소한 자기 자신의 능력만으로는 이 임무를 완성할 수 없다.

매일 스스로에게 이렇게 질문해보라.

1. 나는 세상에 무엇을 가져다 줄 수 있는가?

2. 나는 내 인생에 무엇을 가져다 줄 수 있는가?

이 두 질문에 긍정적이고 건강한 대답을 할 수 있는 사람은 누구나 그 후 자신의 인생을 바꾸고, 자신의 삶과 일을 향상시킬 수 있음을 깨달아야 한다. 이 방법의 목적은 자신에 대한 엄격하고 객관적인 검토에 있다. 우리는 자신을 정확히 알고 난 뒤에야 더욱 분명한 행동을 취할 수 있다.

현재 단점이 좋은 직장을 얻는 데 방해가 된다고 생각하거나 용기를 깎아내린다고 생각할 수도 있다. 그렇다면 지금부터 정신을 바짝 차리고 특별한 능력을 발견하도록 노력하고 키워야 한다. 과거의 단점이나 부족함이 지금 내 슬럼프의 이유가 되어서는 안 된다. 단점을 회피하지 말고 적극적으로 강점을 강화할 필요가 있다.

자신의 단점을 대하는 태도가 중요하다. 동시에 진정한 단점이란 당신이 무엇인가에 서툴거나 못한다는 의미가 아닐 수 있다. 당신이 잘하는 것이 다른 사람에게 필요한지 여부가 중요하다. 어떤 일들은 당신이 할 수 없는 것도 있다. 또 어떤 일들은 특별히 잘할 수도 있다. 종이를 한 장 꺼내 아는 것과 모르는 것을 전부 써보자.

잘하는 것→잘하지 못하는 것→알고 싶은 것→모르는 것.

위의 분류 사항에 대해 최대한 자세히 열거해봐야 한다. 많을 수록 좋다. 실제 상황에 따라 적고 분류하고 대응해본다.

하지만 거짓으로 해서는 안 된다. 과소평가하지도 말고 성실하고 진지하게 대해야 한다. 다 적은 뒤 당신이 가장 잘하는 것과 발휘하고 더 향상시키고 싶은 것, 두 가지 능력을 선택한다. 그리고 과거의 일과, 생활에서 자신이 이 두 가지 능력을 어떻게 드러냈는지 생각해본다. 많을 필요는 없다. 딱 두 가지 능력이면 충분하다. 자신이 가장 잘하는 것을 찾는 것이기 때문이다.

대체 불가능한
인재가 되자

　　　필요한 사람이 되는 것은 가치 있는 일이다. 이 가치는 반드시 '이용'되어야 한다. 나에게 이용할 만한 가치가 있다면 타인을 거절할 만큼 충분한 밑천이 있는 것이다. 어떤 분야에서 당신의 능력을 보여주기 때문이다. 가치의 중요성을 말할 때 드래그 교수는 이렇게 말했다.

"우리는 반드시 먼저 현실을 바라보고 순수한 마음을 지녀야 한다. 결점을 감추고 고치지 않으려는 것이 아니라 마음을 더 열어야 한다. 개방적인 마음을 가져야만 전체적으로 자기 자신을 바라보고 분석하여 민감한 문제를 회피하지 않을 수 있다. 이러한 기초 위에 착안점을 찾고 핵심 가치를 세우는 것이다."

자신의 '쓰임의' 가치를 어떻게 판단할 수 있을까? 과거에 한 일은 무엇인가? 당신이 한 공헌에 대해 칭찬한 사람이 있는가?

우리는 과거로부터 벗어날 수 없다. 성공한 사람이나 실패한 사람이나 과거에 대해 분명하게 볼 수 있어야 한다. 지나온 길에 반영돼 있기 때문에 자신의 과거를 가려서는 안 된다. 과거를 관찰하면 빼어난 점, 특히 사람들에게 필요하거나 칭찬받은 부분을 발견할 수 있다.

지금 무엇을 하고 있는가? 그것은 사람들에게 필요한가?

이 질문에 대답할 때의 요점은 바로 당신 자신이어야 한다는 점이다. 당신이 현재 타인과 뗄 수 없는 사이라도 적절한 방법으로 자신과 타인을 구분하여, 그 공통점의 기초 위에서 당신의 '다른 점'을 정리해야 한다. 그렇지 않으면 당신은 결코 자신의 가치를 발견할 수 없고 정리할 수 없다. 자신에게서 사람들에게 필요한 면을 발견할 수 없다. 두 번째 질문에 대해 깊이 고민할수록 마지막 자아 평가는 성공적으로 나타난다. 반대로 반성이 수박 겉핥기에 끝난다면 객관적인 결론을 도출할 수 없다.

미래를 어떻게 계획하는가? 어떤 능력을 강화하길 원하는가?

미래는 당연히 더욱 중요하다. 과거가 어찌되었든 미래에는 승리를 거두어야 한다. 미래의 언젠가 중대한 영향력을 미치는 일에 종사하여 중요한 직책을 맡고 싶다면, 미래 당신의 상사는 미래에 대한 당신의 자아 설계에 주목할 것이다. 당신이 과거나 현재에 했거나 하고 있는 일에 주목하는 것이 아니라, 당신이 장차 가치를 실현할 수 있는지에 주목하는 것이다.

이에 대해 충분히 합리적으로 준비하고 현실에 맞는 신분과 남다른 품격을 가지고 있어야 한다. 이는 자신의 미래에 대한 의지이며 타인에게 보여주는 미래의 청사진이기 때문이다. 당신은 미래를 손에 쥐고 또 바꿀 능력을 지니고 스스로 미래에 당당히 일어서도록 해야 한다.

자기 계발을 할 때 반드시 짚고 넘어가야 할 중요한 문제다. 회피할 수 없으며 무시할 수 없다. 이것이 미래에 당신이 무엇을 할 수 있을지, 무엇을 좌우할 수 있을지 결정하기 때문이다. 당신의 미래와 전혀 상관없는 과거를 허구로 만들어서는 안 된다. 사실에 충실하고 솔직해야 한다. 구체적으로 평가할 때 가장 간단한 방법은 과거와 미래의 연결점을 찾는 것이다. 이미 지나간 자료를 수집하고 목표에 따라 다시 경중을 따져 나열해본다. 그러면 과거에 자신이 어떤 사람이었는지, 어떤 기억할 만한 일을 했는지 분명히 볼 수 있다.

자신의 진정한 장점을 찾는다면 그것이 바로 사람들에게 당신이 필요한 이유가 된다.

왜 힘들게 자신과 관계된 모든 요소를 종이에 나열해야 할까? 진정한 장점은 마음 깊이 숨겨 있어서 쉽게 찾을 수 없기 때문이다. 그것들은 언제나 구석 어딘가에 숨겨져 있어서, 머리를 쥐어짠다고 해서 반드시 찾을 수 있는 것은 아니다. 최근 상담과 교육을 진행하면서 만난 많은 사람들이 자신을 묘사할 때 중점을 놓치거나 지나치게 평범했다. 대부분 개성을 드러내지 않으며, 겸손한 태도를 유지하느라 자신의 장점을 정확하게 바라보지 못한다. 자신에게 무엇이 필요한지만을 강조하고 다른 사람들이 무엇을 바랄지에 대해서는 결론짓지 못했다.

나는 내면의 장점을 인정하여 빛나는 부분을 발견하라고 조언한다. 그 빛나는 부분은 도대체 어느 부분에서 자신에게 유리한지 생각해봐야 한다. 당신이 자기 자신을 묘사하기 전에 지난 인생 경험을 상세히 나열하고, 과거의 삶과 일에서 어떤 가치를 축적했는지 돌아보자. 생활 속에서 어떤 특출한 점이 있었는지, 어떤 때 다른 사람의 부러움이나 칭찬을 받았는지 생각해보는 것이다. 그리고 자신과 타인의 다른 점을 찾는다면 당신의 가치를 더욱 돋보이게 할 수 있다.

모건 재단의 창시자는 자녀에게 이렇게 말했다.

"다른 사람에게 필요한 사람이 되어야만 자신의 가치를 드러낼 수 있다. 다른 사람의 필요를 만족시키는 사람이 되어야만 자신의 가치를 실현할 수 있다." 그가 후대에 남긴 가장 귀한 재산은 돈이 아니었다. 어떻게 자신의 가치를 이용해 신뢰를 얻고 권력을 얻는지에 대한 깨달음이었다.

이는 스스로 타인에게 필요한 사람, 특히 모두에게 꼭 필요한 사람이 되는 것이 자신을 홍보하고 포장하는 가장 좋은 방법이라는 사실을 말해준다. 사람들은 당신이 그들을 도와 결정을 내려주고, 도움을 주거나, 일을 잘하도록 이끌어주기를 바란다. 이런 가치를 가진 사람은 그에 맞는 지위를 얻을 수 있고 충분한 역량으로 자신이 어떻게 쓰일 수 있을지 표현할 수 있다.

"당신은 이용 가치가 없어 장차 일자리를 잃게 될 거야!"

●

사나운 사자 한 마리가 산에 살고 있었다. 매일 밤 잠이 들었을 때 생쥐 한 마리가 몰래 그의 머리 위에 올라가 긴 털을 갉아먹었다. 이 사실에 사자는 크게 화를 내며 그 생쥐를 잡아 혼쭐을 내주겠다고 마음먹었다. 하지만 이런저런 이유로 기회를 놓치고 말았다. 사자는 한 가지 꾀를 생각해냈다. 그는 고양이에게 푸짐한 음식을 차려주고 잘 키웠다. 고양이는 생쥐의 천적이 아닌가? 당연히 고양이를 무서워한 생쥐는 놀라 나타나지 않았다. 고양이는 이러한 자신의 가치를 깨닫고 득의양양하며 사자가 자신을 버리지 못할 것이라고 생각했다. 산에서 사자의 깃발을 들고 권세를 부렸다. 시간이 흐르자 산속 동물들은 이 고양이를 무서워하기 시작했다.

어느 날, 생쥐가 몰래 먹이를 찾으러 동굴에서 나오자 고양이가 순식간에 달려들어 생쥐를 잡았다. 고양이는 한입에 생쥐를 꿀꺽 삼켰다. 사자는 이제 그를 괴롭히던 문제가 해결되었으니 고양이는 쓸모가 없어졌다고 판단했다. 그래서 고양이를 산에서 내쫓았다. 고양이는 일자리를 잃었고, 다른 동물들도 고양이를 업신여기기 시작했다.

쓸모의 첫 번째 원칙은 이용되는 가치를 상실해서는 안 된다는 것이다. 직장에서나 일상생활에서도 마찬가지이다. 쓰임의 가치를 유지하고 부단히 개선하며 발전시켜, 자신을 대체 불가한 존재로 만들어야 한다. 이용당할 가치를 상실하면 그만큼 중시받지 못할 것이다.

"내가 살이 있기 때문에 당신도 살아 있는 거야.

그러니까 나는 죽을 수 없어."

●

한 왕국에 예언이 잘 들어맞는 소문난 점쟁이가 있었다. 한 번도 그의 예언이 빗나간 적이 없었다. 사람들은 모두 그를 떠받들었다. 때문에 국왕은 자신의 권력이 위협받는다고 생각해 그를 죽이려고 했다. 그날 밤, 국왕이 점쟁이를 왕궁으로 불렀다. 기회를 엿봐 목을 베려고 했다. 왕궁을 찾은 점쟁이에게 국왕은 비웃으며 최후의 질문을 던졌다.

"한 번도 예상이 빗나간 적이 없고 누구의 운명이라도 예견할 수 있으며 천문이나 지리도 모르는 것이 없으니, 마치 하느님과 같지 않습니까? 그렇다면 당신 자신은 얼마나 살 수 있을 것 같습니까?"

점쟁이는 위험을 감지하고 웃으며 대답했다.

"그렇습니다. 저는 임금께서 서거하시기 사흘 전에 죽을 것입니다."

이 말에 깜짝 놀란 왕은 점쟁이를 없앨 생각을 접었다. 오히려 그를 귀빈으로 접대하며 건강하고 안전하도록 극진히 모셨다. 그가 죽으면 자신도 사흘 뒤에 세상을 떠날 테니 말이다.

이 점쟁이처럼 스스로 다른 사람이 대체할 수 없는 가치를 지니도록 해야 한다. 당신이 만약 어느 회사에 대해 이정도의 가치를 갖는다면 어떤 일에도 "아니요"라고 말할 수 있는 힘이 생긴다. 누구라도 당신에게 불리한 요구를 한다면 당당하게 거절할 수 있다.

어떤 분야의
강자가 된다는 것

●   다년간 상담을 하면서 사람들이 '타고나는' 것을 대단히 좋아하며 신이 타고난 장기를 충분히 내려주길 바란다는 사실을 알게 되었다. 하지만 이것은 잘못된 생각이다. 타고나는 것은 학습에는 유리하겠지만, 어떤 분야에서 최고의 능력을 발휘할지에 대해서는 보장하지 못한다. 그리고 경쟁 상대를 무찌를 수 있으리라는 보장도 없다.

"선생님, 현실을 바꿀 수 있는 방법 좀 알려주세요. 제 삶은 너무 비참해요. 저는 능력도 없고, 제가 하고 싶은 일에서는 항상 다른 사람에게 통제당해요. 누구에게 도움을 청해야 할까요?"

상담할 때 이런 질문을 자주 받는다. 현실에서 사람들은 모두 좋은 방향으로 노력하려고 한다. 하지만 불행히도 자신을 자세히 들여다볼 때 많은 사람들이 습관적으로 색안경을 끼고 바라본다. 불행한 면만을 보고 유리한 면은 보지 못한다. 운과 타고난 것만을 믿고 여러 각도에서 이유를 찾고 핑계를 만든다.

하지만 반대로 사람들이 타인을 바라볼 때는 또 다른 각도에서 본다. 단점만을 바라보며 아무리 작은 결점이라도 찾아낸다. 배워야 할 점과 노력해야 할 점은 보지 못하고, 타인을 질책하고 환경을 원망하며 자신을 한탄하며 만족을 얻으려고 한다.

어느 한 분야에서 잘하면 그만이다. 마음이 강한 사람이라면 자신에 대해 매우 분명히 알고 있을 것이다. 단점도 물론 볼 수 있다. 하지만 그들은 우스갯소리로라도 자신을 과소평가하는 말은 잘하지 않는다. 또한 자신에 대해서 과한 요구를 하지도 않는다. 단지 어느 한 분야만을 주목하고 능력을 향상시키려고 노력한다. 이러한 태도는 배울 만하다. 매일 자신에게 이렇게 말하는 것도 좋은 방법이다.

'이 분야라면 할 수 있어!'

'나는 다른 일도 잘하고 있어. 하지만 그걸로 충분해. 너무 많은 일을 할 필요는 없어. 한 가지 일만 잘하면 충분해.'

'이번엔 지난번보다 더 잘했어. 매일 발전하고 있어.'

'매일 어제보다 발전하고 있어. 앞으로도 계속 노력해서 결국 나의 장점을 완전히 발휘하게 될 거야.'

현실이 마음과 같지 않더라도 반드시 정확하게 현실을 인식해야 한다. 통제할 수 없는 일에 관여하지 말고 현실을 있는 그대로 받아들이면서 끝없이 자신을 격려하고, 자신이 통제할 수 있는 일을 잘해내면 그것이야말로 대성공이다.

반대로 마음이 나약하고 실패가 습관이 된 사람은 그렇지 않다. 그들은 자신을 약화시키는 방식으로 자아를 평가한다. 자신을 개발하는 것이 아니라 약화시킨다. 좌절을 겪거나 의기소침해질 때 생각은 더욱 부정적으로 변한다. 마음속의 힘 역시 나약해진다. 결국 자신감에 심각하게 타격을 받는다. 무슨 일을 하더라도 자신이 없고 스스로 장점이라고는 하나도 없는 사람이라고 여긴다. 그들은 끊임없이 이렇게 자기 암시를 한다.

'봐, 나는 원래 안 되는 거야. 지금도 그렇잖아!'

'이제 알겠어. 나는 애초에 자질이 없었어!'

'나는 처음부터 이 일을 해서는 안 되었던 거야.'

'만약 그랬다면 이렇게 비참한 결과는 없었을지도 모르지.'

'진작 포기했어야 했어. 그랬다면 이렇게 망신당하지는 않았

을 텐데.'

'이번 일을 망쳤으니, 사람들이 모두 나를 비웃겠지?'

나약한 사람들의 전형적인 태도이다.

1. 지나치게 잘난 체하며 "난 뭐든지 할 수 있어!"라고 하거나,

2. 지나치게 열등감을 느껴 "난 잘하는 게 아무것도 없어!"라고 한다. 다시 말해 나약한 사람은 자신에 대해 객관적이며 중립적이고 이성적인 평가를 하지 않는다. 일을 시작하기 전에 그들은 자신에게 10점 만점에 10점을 준다. 하지만 실패한 뒤에는 최저점인 0점을 준다. 중점적으로 발전시켜야 할 능력에 대해 분명하게 인식하지 못한다.

그렇다면 강인한 사람은 어떻게 할까? 그들은 자신을 격려하는 동시에 겸손하게 칭찬을 받아들이며 이성적으로 자신의 위치를 정한다. 다른 사람이 자신을 비위를 맞출 때 그 유혹을 받지 않을 방법을 고려하면서 새로운 목표를 발견한다. 어떤 분야에서 목표를 달성하면서 반박할 수 없는 실력을 갖춘다. 쓸데없이 모든 일을 다 잘하려고 하지 않고 가장 중요한 일만 잘하면서 적절하게 위치를 잡는 방법을 취한다.

- 자신에 대해 정확한 자아 평가를 내린다.

'이 일에는 내가 딱 맞아.'

- 앞으로 자신이 노력해야 할 방향을 정한다. 다른 사람에게 알려서 칭찬을 받기 위해서가 아니다.

'나는 뛰어나. 내가 잘하면 그걸로 됐어. 남이 나를 추켜세우는 것 따위 필요 없어!'

- 어떤 분야에서의 자신의 능력을 믿는다.

'이 분야에서 내 능력은 뛰어나. 자신감도 있고, 내 성과에 대해 자부심을 느껴!'

- 자신이 가치 있다고 확신한다.

'나는 가치 있기 때문에 나를 사랑하듯 다른 사람을 사랑할 수 있고 더 여유 있고 침착해질 수 있어. 나는 방향을 잃지 않고 더 분명하게 현실을 바라볼 수 있어. 미래 나의 분야를 찾고 끝까지 밀고 나가겠어!'

자신감을 가지고 자신의 가장 큰 장점을 말할 수 있다면 이미 든든한 밑천을 가진 것이다. 무슨 일을 하더라도 당신에게 도움이 될 것이다.

실력이 향상될수록
자신감도 함께 자란다

자신감을 갖고 싶지 않은 사람이 있을까? 모두 최강의 자신감을 가지고 어떤 문제도 두려워하지 않길 바란다. 사람들은 자신감이 있을 때 자신의 존재를 느끼며 가치를 체험할 수 있기 때문이다.

하지만 현실은 혹독하다. 자신감이 있더라도 속으로 기대한 결과를 얻지 못하기도 하며 목표를 달성하지 못하기도 한다. 자신감은 충만했지만 결과는 아쉬웠던 경험이 많을 것이다.

상담실을 찾은 한 사람이 이렇게 말했다.

"선생님, 자신만만했지만 내가 기대한 결과를 얻을 만한 능력이 없다는 것을 알게 되었어요. 결국 사람들에게 비웃음당할 약점만 잡힌 거죠."

문제는 이것이다. 그렇다면 우리는 과연 자신감을 가져야 할까? 자신감을 가져야 한다면 어떻게 해야 할까?

자신감을 통해 얼마의 보상을 얻을 수 있느냐는 자신의 능력에 달려 있다. 진정한 자신감이란 스스로 어느 정도 성공을 거둘수 있을 만한 능력이 있다고 믿는 것이다. 한 회사에서 설계 작업에 참여할 인력을 고용하려고 한다. 간단한 작업이지만 연봉 10억을 준다. 몇 명이나 이 업무에 지원했을까? 놀라운 결과였다. 무려 87%의 사람이 지원하지 않겠다고 대답했다. 이렇게 많은 임금을 지불한다면 분명 높은 능력을 요구할 것이라고 생각했기 때문이다. 하지만 연봉을 5000만 원으로 낮추자 지원하지 않겠다는 비율은 9%로 떨어졌다.

생각해볼 만한 문제다. 자신감은 자신의 능력에 대한 평가에 달려 있다. 사람들은 '실력이 뛰어날수록 더 많은 보상을 받는다'라는 원칙을 믿고 싶어 한다. 자신의 능력을 우선 강화하고 그다음 자신감을 키워야 한다고들 한다.

능력에는 말하는 것, 일하는 것, 학습 등 각 분야의 소양이 포함된다. 모두 정확한 단계에 따라 개발해야 한다. 또한 자신에 대해 충분한 믿음을 가져야만 다른 사람을 신뢰하고, 서로 신뢰를 쌓을 수 있다.

1. 스스로 학문을 넓혀야 한다

기초를 다지는 단계다. 여러 분야의 지식을 최대한 습득하여 학문을 넓히고 모든 종류의 지식을 섭렵하여 기초를 다진다.

2. 정통해야 한다

개발하는 단계다. 지식의 기초를 다진 후 자신이 가장 잘하는 분야를 찾아 중점 개발하여 정통한 수준까지 끌어올린다. 많은 이들에게 필요한 능력을 지닐수록 대체할 수 없는 가치를 세우게 된다는 뜻이다. 모든 '능력'은 노력을 통해 조금씩 축적된다. 집을 한 채 짓는다면 먼저 기초를 다지고 1층을 세우고 2층을 세우며 맨 꼭대기 층까지 세우는 것이다. 하루아침에 집을 지으려는 사람은 실패할 수밖에 없다. 하루 만에 진정한 자신감을 가질 수 있는 사람은 없다!

하지만 나는 믿는다. 노력하고 또 노력하여 세상을 향해 용감하게 나서면 성공은 못하더라도 자신감은 다질 수 있고, 더는 기죽지 않을 게 분명하다. 또한 더 용감하고 굳건해질 것이다.

정말로 자신을 계발하고 싶다면 우선 다음 5대 원칙을 철저히 준수해야 한다.

원칙1: 가장 잘하는 분야를 찾을 수 있다고 믿는다

이 분야는 반드시 자신의 흥미와 능력이 결합되어야 한다. 만약 당신이 과학 연구를 잘한다면 억지로 그 일에 종사하는 것이 아니라 분명 그 일을 하면서 피곤한 줄도 모를 것이다.

원칙2: 분명한 방향을 정하고 그 방향대로 노력을 다한다

처음부터 방향이 정확해야 한다. 만약 방향이 틀렸다면 빨리 가기 위해 노력할수록 그로 인한 시행착오도 늘 것이다. 우선 신뢰할 만한 꿈을 확인하고 성숙하게 이성적으로 계획을 세운다.

원칙3: 필요하다면 도움을 구하고 지원을 거절하지 말라

혼자만의 노력으로 문제를 해결하기를 바라지 말아야 한다. 이 세상에 그런 행운은 흔치 않다. 필요하다면 훌륭한 선배의 협조를 구하고 받아들이며, 그들의 도움을 거절하지 말고 배우는 자세로 다가가야 한다.

원칙4: 늘 돌아보고 정기적으로 정리하는 습관을 만든다

끊임없이 반성하여 반성을 습관으로 만들어야 한다. 반성을 통해서만 문제를 발견할 수 있고 문제를 발견했다면 즉시 고쳐야 한다. 다시 말해 무조건 타인을 거절하라는 것이 아니라 잘못을 거절할 능력을 갖추고, 다른 사람의 반대 의견을 잘 들어야 한다.

원칙5: 주관을 포기하지 말아야 한다

주관은 중요하다. 한 사람의 독립 의지의 상징으로, 유일무이한 한 사람을 나타내기 때문이다. 아무리 큰 걸림돌에 부딪힌다고 해도, 아무리 큰 좌절에 맞닥뜨린다고 해도 주관과 원칙을 쉽게 포기해서는 안 된다. 마지노선의 원칙을 고수하여 자신의 빨간 선을 지켜야 한다.

이 5대 원칙을 견지하면서 8계명도 지키며 자신을 엄격하게 통제해, 금지 구역을 넘어서지 말아야 한다. 그렇지 않으면 쉽게 극단으로 몰고 가 지나치게 실리만을 추구하는 현실주의자가 될 수 있다. 극에 달하면 반드시 뒤집히는 법, 실력만을 지나치게 믿는 사람은 인정이 없어 결국 인간관계에 해를 끼치게 된다.

1계명: 친구의 도움을 거부하지 마라

친구에게 도움을 청하지 않는다면 친구가 하나둘 당신을 떠날 수 있다.

2계명: 이유 없이 타인을 거절하지 마라

타인을 거절할 때는 반드시 이유를 대야 한다. 당신의 능력이 아무리 강해도 다른 사람을 내려다보며 이유 없이 거절한다면 그 관계는 망가질 것이다.

3계명: 지나치게 강경한 태도를 보이지 마라

지나치게 강경한 태도는 거리를 멀어지게 한다. 결국 강경한 모습을 보일 기회조차 사라지게 된다.

4계명: 타인의 정당한 권리에 해를 끼치지 마라

자신의 이익을 지키는 것은 정당하다. 동시에 타인의 이익에 해를 끼쳐서도 안 된다.

5계명: 지나치게 자신하지 마라

자신감이 지나치면 거만하고 안하무인으로 사람을 대할 수 있다. 자신감이 우월감이 되면 인격적인 매력이 반감될 수 있다.

6계명: 타인에게 물러설 여지를 빼앗지 마라

타인을 거절할 때 협상의 여지를 남겨주어야 한다. 일부 조건을 만족한다면 여전히 협력의 기회와 입장이 맞을 가능성은 남아 있다.

7계명: 완벽주의자가 되지 마라

완벽주의자는 존경을 받기도 하지만 미움을 받기도 한다. 이 점을 반드시 명심해야 한다. '도덕적 결벽'은 고쳐야 한다.

8계명: 잘못된 방향을 고집하지 마라

방향이 틀렸다면 이 점을 발견했을 때 이미 늦었다고 생각되더라도 즉시 과감하게 포기해야 한다. 그렇지 않고 틀린 방향으로 계속 간다면 앞으로의 모든 노력이 물거품이 되고 만다.

현실을 직시하고
받아들이며 바꾼다

●   최근 몇 년간 상담실을 찾은 많은 사람들이 거절 능
력을 잃어버린 이유가, 생활 리듬이 빨라지면서 현실에 대해 방
향을 잃었기 때문이라고 토로했다. 커 씨는 "아주 강렬한 느낌은
있는데 저에게 무슨 일이 발생했는지, 어떻게 해야 할지 모르겠
어요"라고 말했다. 커 씨처럼 상황이 이미 심각한 상태에 이르렀
는데도 어쩐 일인지 여전히 흥겹게 노래 부르는 사람들이 있다.

"음, 다 잘되고 있어. 이렇게 계속 가면 되는 거야!"

커 씨는 상사의 가혹한 지시를 따르며 마음속으로 이렇게 생
각했다. 이것은 현실에서 도피하고자 하는 잠재의식 때문이라고

생각한다. 길을 잃은 아이가 일부러 '나는 길을 잃지 않았다'라는 가상을 만들어내는 것처럼 말이다.

이렇게 현실감각을 잃은 사람은 어떤 회사의 상태와 같다. 실패한 회사이지만 여전히 '운영'되고 있다. 끊임없이 사람을 모집하고 확장한다. 하지만 그 장부의 계정을 보고 그 현재와 미래를 분석해보면 이미 회생 가능성이 없음을 알 수 있다. 그 회사는 이미 마땅히 있어야 할 힘을 잃었기 때문이다. 이 회사를 기다리고 있는 것은 무덤이다.

현실을 똑바로 보아야 어떻게 미래에
대응할지 알 수 있다.

●

많은 사람들이 현실에 대해 확신하지 못하고 자신의 현실에 대해 무조건 낙관적이거나 극도로 비관적인 태도를 보인다. 때로 두 가지 생각에 빠져 헤어 나오지 못한다.

'나는 과연 앞을 향해야 하는가, 뒤를 향해야 하는가?'

이때, 그들은 불리한 선택을 거절하는 능력을 잃을 뿐만 아니라 용기도 계속 약해지고 있다고 느낀다. 머릿속에서는 두 가지 완전히 다른 생각이 존재한다.

첫 번째 생각은 적극적인 정신력이 있다. 그것은 맹렬하게 생존해야 한다고 격려한다. 아무리 어려운 환경에 부딪히더라도 끝없이 싸워야 한다. 머릿속에서 '이봐. 어서 가! 위험을 무릅쓰라고! 그것은 당신의 낙원이야! 싸워! 그것은 당신의 영토야! 위기는 신경 쓰지 마. 위험을 두려워하지 말고 과감하게 하는 거야!'라고 말한다. 이 소리는 현실을 잊고 꿈을 실현하게 한다.

두 번째 생각은 매우 소심하고 신중하며 분명하다. 거울과 같이 현실을 보게 하고 도대체 무슨 일이 발생했는지 분명히 보게 한다. 예를 들어 당신의 재무 상황이 매우 어렵고 언론과의 관계가 좋지 않으며 충분한 고객을 확보하지 못했다고 하자. 모든 요소가 회색빛으로 당신에게 매우 불리하다. 눈앞의 큰 산이 곧 무너질 지경이다. 그것은 끊임없이 신호를 보낸다. 일부 기존의 것을 포기하고 변화하도록 하고 또 다른 환경에 적응하도록 한다.

그것은 이렇게 말한다. "이런 상황에 직면하면, 받아들이고, 바꿔야 비로소 생존할 수 있다!"

마지막 선택은 무엇이었을까? 당연히 과감하게 두 번째를 선택했다. 현실을 맞닥뜨려야 현실을 바꿀 기회가 생긴다.

그렇다면 자신이 이미 현실을 심각하게 벗어났다는 사실을 어떻게 알 수 있을까? 이제 제시할 기준을 통해 가늠해볼 수 있다. 자신의 상황과 대조해 생각해보자.

1. 당신은 이미 현실적으로 의미가 큰 업무 실적이나 생활 상
   태 등의 지표를 무시하고 있다. 그리고 현상에 대해 이미 무
   감각해졌다. 또한 미래에 대해 근거 없이 낙관하고 있다.
2. 아침에 일어나기 싫다. 가볍게 몸을 풀며 운동하고 싶은 생
   각도 없다. 그저 계속 자고 싶고 일어나고 싶지 않다.
3. 오랫동안 여럿이 모인 장소에 나가지 않았다. 자신이 무엇을
   하고 있는지, 그 일이 어떤 의미가 있는지 어떻게 설명해야
   할지 몰라서 모임에 나가고 싶지 않다.
4. 과거 상당 기간 동안 한 가지 일을 위해 노력했지만 어떤 결
   과도 얻지 못했다.
5. 자신의 미래에 대해 많은 계획을 이야기할 수 있다. 하지만
   현실은? 마음속으로는 이미 이 일들이 신뢰할 만하지 못하
   며 이 일들에 대해 전혀 파악하고 있지 못하다는 사실을 잘
   알고 있다. 그저 입으로만 말하고, 그것이 이루어질 것이라
   고는 전혀 기대하지 않는다.
6. 생각이 가득하며 그중 어떤 것은 기발하고 실행 중이지만,
   주변 사람들은 모두 비현실적이라고 하는데 당신은 전혀 듣

지 못한다.

7. 침실이나 개인 사무실 등 한 공간에 오랫동안 머물러 있으면서 가족을 보고 싶어 하지 않는다. 상사나 동료와 대화도 하지 않으려고 하며 그저 혼자 있고만 싶어 한다. 움직이지도 않고 음악을 듣고 싶은 마음도 생기지 않는다.

8. 당신은 생활이나 일에 막대한 비용을 들이고 있지만 여전히 그 비용이 증가하고 있고 보상은 받아본 적도 없다.

9. 물론 바꿔야 할 필요가 있음을 안다. 하지만 언제나 결심하지 못하고 있다. 벌써 몇 개월째, 아니 그보다 더 오랫동안 고심하고 있다.

현실을 바꾸는 것이 가장 중요하다—
이때는 자존심을 생각하지 않는다

●

만약 자신에게 위와 같은 현상들이 나타난다면? 설령 모든 조항이 다 해당된다고 해도 상관없다. 때문에 겁먹을 필요는 없다. 상황이 아무리 심각해도 해결할 방법이 있다.

이 세상에 해결하지 못할 문제는 없다. 다만 그 전제는 자존심이나 체면 때문에 현실적인 면을 잃어서는 안 된다는 점이다. 대부분의 사람들이 바뀌려고 하지 않는 이유는 모두 체면이 깎일까 봐 두려워하기 때문이다. 체면 때문에 죽는 한이 있어도 바뀌어야 할 것은 몇 개월, 몇 주, 며칠을 질질 끌며 단지 내키지 않는다는 이유로 미루다가, 마지막 절호의 기회마저 놓쳐버리고 만다. 경각심을 가질 만한 문제가 아닌가?

1. 첫 번째 일은 현실을 인정하는 것이다

자신이 직면한 어려운 현실을 인정한다. '그래. 원래 이런 거야! 현실을 받아들이고 회피하지 않겠어!' 뒤이어 다른 고난에 직면하면 다음 단계에서 어떻게 행동할지 선택한다. 구체적인 상황에 따라 결정하며 주변 환경과 관계가 깊다. 하지만 어떻게 하느냐에 따라 지금은 투지가 상당하더라도, 잘못되어도 중도에 포기할 수 없다. 시작하자마자 회피할 수도 없다.

2.당장 자신에게 경고하라

'나는 지금부터 자신을 절대로 속이지 않을 거야. 눈 가리고 아웅 하지도 않고 고귀한 시간을 낭비하지 않을 거야. 다른 사람이 내 신뢰를 무시한다면 가만두지 않겠어!'

3. 가장 중요한 것은 다음 단계의 계획을 세우는 것

'이미 현실을 보았고 목표가 확실하고 결심을 드러냈다면 설마 바꿀 용기가 없겠는가?' 그러므로 이것은 더는 중요하지 않다. 중요한 것은 당신이 이미 숨을 수 없다는 것이다. 이제는 성숙한 계획을 정하고 목표를 확인한 뒤 단계적인 절차를 정해야한다.

강자의 품격을 배워
인생의 강자가 돼라

강자에게는 어떤 품격이 있을까? 강자를 배우려면 우선 그가 정말로 우수한 파트너이자, 당신이 모든 것을 걸만큼 함께 일할 가치가 있는 사람이어야 한다. 그는 책임을 지고 공동의 사업을 위해 의미 있는 '부가가치'를 제공할 수 있어야 한다. 또한 함께 리스크를 낮춰 외부 위험 요소를 억제할 수 있는 능력을 키울 수 있어야 한다. 우리가 우수한 인재를 흡수하고 붙잡을 수 있도록 도와 핵심 가치관을 세워야 한다. 자신의 좁은 길만 보고 타인에게 무심한 약자가 아니라, 이런 사람들처럼 넓은 시야를 가진 강자가 되어야 한다.

월 스트리트의 한 펀드 회사 설립자인 에일린은 투자 잠재력이 있는 기업에 집중하며 성공한 기업 관리자에 대해 연구를 많이 했다. 그녀는 항상 스스로에게 물었다.

'그들에게서 나는 무엇을 배웠는가?'

회사 경영에서 그녀는, 자신의 팀이 그들 스스로를 어떻게 향상시킬 것인지에만 관심을 두지 말고 성공한 사람들에게 가서 배우길 바랐다. 일에서부터 사생활의 품격까지 점진적으로 연구하여 그들의 장점을 배워, 역으로 능력을 맞춤형으로 향상시키는 것이다.

강자에 대해 배우는 과정에서 본보기로 적절치 않다는 것을 발견하고 걱정거리만을 안겨준다면, 이런 사람들 때문에 귀중한 시간을 낭비할 필요가 없다. 과감하게 떠나는 것이 맞다. 배워야 할 대상을 신중하게 선택해 진정한 강자가 되어야 한다.

이것은 파트너에 대한 선택을 결정한다. 파트너나 친구의 품격에 대해 상세한 이해가 필요하다. 특히 불분명하고 평범하지 않은 경력은 더욱 그렇다. 위험을 초래할 만한 사례는 놓쳐서는 안 된다. 그러지 않으면 시간이 흐르고 협력이 진행되면서 자신이 위치한 환경에 이미 고통이 퍼져 있음을 발견하게 될 것이다. 그들의 결점이 이미 당신에게 영향을 미쳤기 때문이다.

중국 텐센트 회장 마화텅은 과거 무기력한 사람이었다고 한다. 하지만 그는 젊은 시절 자신의 경력을 대중에게 고백했다.

"졸업할 때 길거리에 자리를 깔고 컴퓨터 고치는 일이나 할까 생각했었습니다. 하지만 결국 성실히 일자리를 찾은 끝에 대기업에서 몇 년씩 일하게 되었죠."

하지만 다른 세 사람은 계속 학업을 이어갔고 졸업 후 먼저 기업에 들어가 몇 년에 걸쳐 훈련을 했다. 그런 뒤 함께 공동의 이상을 품고 일하게 된다. 이 경력을 종합하여 그들은 입을 모았다.

'전반기의 축적은 뛰어넘을 수 없고 반드시 필요하다. 동시에 좋은 파트너 역시 이때 맺은 깊은 전우애를 나눈 사람들이다.'

마화텅 회장은 말했다.

"당시 일자리를 구할 때 돈을 얼마나 받는지는 생각하지 않았습니다. 그저 좋아하는 일에 배운 것을 써먹을 수 있다면 만족했죠."

그와 같이 성공한 사람에게는 고귀한 품격이 느껴진다. 모두에게 권장할 만한 일하는 태도이다.

1. 먼저 기초를 닦고 나중에 돈을 번다. 기초를 닦을 때, 돈을

얼마나 벌 수 있는지는 생각하지 말고 배울 만한지를 본다.

2. 품격이 수입을 결정한다. 당신이 좋은 품격을 가졌다면 좋은 수확을 얻어야 한다.

마화텅이 바로 이런 사람이다. 몇 년 후 다시 장지둥을 만났다. 공교롭게도 그는 두 사람이 인터넷 메신저 관련 업무를 하고 있음을 알게 되었다. 그들은 순조롭게 협력을 시작했고 접촉하고 협력하는 과정에서 부단히 영감이 떠오르고 불꽃이 튀었다. 이렇게 오늘날의 텐센트가 생겨난 것이다.

사업이라는 것은 큰돈을 벌었다고 해서 반드시 성공했다고 말할 수는 없다. 서로 신뢰하는 동료가 함께 공동의 플랫폼을 만들어 자아가치를 실현하는 것이다. 이 무대 위에서 모두 장기를 발휘하고 재능을 드러내며 서로 보완하는 것이 매우 중요하다.

그러므로 모든 성공한 사람은 자신이 잘하는 분야, 종사하는 업계에서 탁월한 품격을 드러낸다. 그리고 이를 통해 더 많은 성공한 사람을 흡수한다. 많은 우수한 인재들이 자발적으로 곁으로 와 함께 공동의 목표를 이룰 수 있도록, 거절할 수 없는 힘을 보여줄 수 있다.

만약 이런 강자의 품격을 지녔다면 그들과 같이 평범하지 않은 인격적 매력을 가질 수 있을 것이다. 이때 근본적으로 '거절하지 못하는' 상태를 완전히 벗어나, 마음속 두려움을 철저하게 이겨낼 수 있다.

8장

과감하게 거절하라:

기본이 되는
이익을 지켜라

과감하게 거절하라

●

과감하게 거절해야 진정한 자신이 될 수 있고,

성과를 얻을 수 있고,

행복과 자유를 누릴 수 있다.

이제 과감하게 거절해보자.

웃으며 용감하게
거절하는 방법

내가 커 씨의 일에 대해서 언급하자 그는 미간을 더욱 찌푸렸다. 그는 자신의 '무능함'을 받아들이지 못했다. 회사가 불공평한 임무를 맡길 때나 이익분배 시기에 특히 그랬다.

"제 직속 상사는 배경이 든든하죠. 회사에서 자기 입지가 확실하고요. 사장도 그를 신뢰하고 있어서, 그가 시키는 일이라면 얻는 것보다 잃는 게 많더라도 아무 말도 못하고 따라야 해요."

어느 날 아침 출근하자마자 커 씨가 아직 정신을 차리기도 전에 부장이 그를 불렀다. 서류를 그의 앞에 던지며 당연하다는 듯 말했다.

"지금부터 협상을 진행하게. 우리 조건은 아래에 적어놨네."

커 씨는 서류를 열어보고 어안이 벙벙해졌다. 이렇게 까다로운 조건에 고객이 과연 수긍할 수 있을까? 이와 비슷한 사례는 많았다. 여러 번 겪은 일이다. 이런 협상 결과는 이미 뻔하다. 상사는 이런 난제를 그에게 던져주고 협상이 잘되면 자신의 공으로 돌리고, 협상이 안 되면 실무자 책임으로 돌리려는 것이다.

하지만 커 씨는 거절하지 못했다. 항상 이런 식이다. 그는 일을 맡고 나서 마음이 몹시 불편했고 당장 사표를 쓰고 싶었지만 생각에 그칠 뿐이었다. 아무것도 할 수 없었다. 그저 불만만 잔뜩 품고 협상에 나섰고 협상은 결국 불발되어 상여금은 날아갔다.

많은 사람들이 커 씨와 비슷한 경험이 있다고 이야기한다. 분명 거절할 만한 임무에 대해 어떻게 거절해야 할지 모르고 어떤 방식으로 정당한 권리를 지킬 수 있을지 난감해한다.

누구나 직장에서나 일상생활에서 상사나 다른 사람들의 요구에 맞닥뜨린다. 어떤 요구는 할 수 있는 일이고 해야만 하는 일이다. 하지만 어떤 일은 사장의 무리한 요구이거나 동료의 조롱에 불과하다. 이때 어떤 사람은 과감하게 거절할 수 있지만 어떤 사람은 '남의 밑에 있으면 눈치를 볼 수밖에 없다'라고 생각하며, 어쩔 수 없이 울며 겨자 먹기로 부당한 요구에 응한다.

하지만 알아두어야 할 것이 있다. 우리는 상사의 지도를 받고 그의 지시에 복종해야 한다. 하지만 직위의 높고 낮음을 떠나서 인격적으로는 독립적이며 평등하다. 우리는 상사에 예속되지 않으며 무조건 동료에게 맞춰줘야 할 필요도 없다. 일할 때는 당연히 옳고 그름과 선악을 따져서 복종해야 할 것에는 복종하고, 거절해야 할 것은 우유부단하게 넘어가서는 안 된다.

이러한 무례한 요구를 거절하는 몇 가지 방법이 있다. 화기애애한 분위기를 깨지 않는다는 전제하에, 어떻게 상대방 스스로 요구를 거둬들이게 하면서 내 의사를 분명히 밝힐 수 있을까?

1. 거절할 때 태도를 분명히 하고 우유부단하지 않게 하라

거절이라는 목적에 닿기 위해서 일단 목소리를 키워야 한다. 그리고 처음부터 확실한 태도를 보이며 끝까지 밀고 나가야 한다. 애초의 태도를 바꾸거나 상대방에게 협상의 여지를 남기면 안 된다.

2. 거절할 때 원인을 분명히 밝히고 이유를 확실하게 설명한다

왜 거절할 수밖에 없는지, 이유가 무엇인지 먼저 상세히 그 원인을 설명한다. 'No'라는 한마디로 끝내는 것이 아니라 상세히 설명해야 한다. 그 원인을 설명할 때는 상대방의 입장에서 문제를 고려하라. 단지 자신만을 위한 것으로 끝나서는 안 된다.

3. 거절할 때 그에 대한 존중을 표시하며, 상대방을 공격하거나 멸시하지 않는다

존중은 설득의 가장 훌륭한 무기이다. 그러므로 거절할 때는 얼굴 가득 존중을 담아야 갈등을 해결하고 성공적으로 상대방을 설득할 수 있다. 상대방이 상사일 때는 특히 더 그렇다.

4. 거절하기 전에 먼저 심리적으로 위로해준다

칭찬은 좋은 방법이다. 사람은 누구나 칭찬받기를 원한다. 상사나 동료에 대해 속마음을 잘 이해하고 도리를 아는 상대방을 먼저 칭찬할 수 있다. 그들의 장점을 칭찬하고 그들의 장점에 대해 자부심을 느끼도록 한 후 부탁에 대해 대답(거절)한다. 이렇게 하면 상대방은 심리적으로 다소 불편하기는 하겠지만, 당신의 거절에 대해 반박하지는 못할 것이다.

'No'라고
말해보기

쑨 씨와 상담을 진행하면서 그녀에게 매우 선량한 면이 있음을 알게 되었다. 그녀는 남을 돕는 일을 마다하지 않았다. 하지만 종종 자신의 능력을 넘어서는 일이 생겼고 그때마다 다른 사람에게 자신의 몫을 빼앗기며 부당한 대가를 치렀다.

"제가 양보해서 그들의 요구에 응할수록 그들은 더더욱 만족하지 못하고 끊임없이 새로운 요구를 해왔어요. 답답하고, 이런 생활이 정말 싫어요."

우리 주변에서도 쉽게 볼 수 있다. 서로 간에 다툼이 있을 때 한쪽은 전체를 바라보며 스스로를 자제하고 양보한다. 하지만 상대방은 생떼를 부리며 끝없이 욕심을 부린다. 그는 타깃을 정해 놓고, 부당하고 분통을 터트릴 만한 요구를 계속한다.

이러한 상황이라면 우리는 분명 받아들일 수 없을 것이다. 계속 양보만 하다가는 지켜보는 사람까지도 당신을 동정하지 않고, 결국 스스로도 이 심리적인 난관을 넘어서지 못할 것이다. 그렇다면 끝없이 욕심을 부리는 사람에게 어떻게 해야 할까?

1. 수락해야 하는 것은 동의할 수 있지만 거절해야 하는 것에 대해서는 양보하지 말라

다시 말해 먼저 경계선을 하나 긋고 원칙을 세워야 한다. 협상 여지가 있는 것과 타협할 수 없는 것을 분명히 한다. 전자는 상황에 따라 수용할 수 있다면 수락하고 따지지 않는다. 하지만 후자의 원칙 문제에 대해서 개인의 근본 이익에 관계되어 대립될 때 절대로 물러나서는 안 된다. 일단 물러나면 방어선이 무너지고, 상대방은 빈틈을 노리고 당신의 영역을 계속 침범할 것이다.

2. 방법이 중요하다— 합리적이고 합법적이며 이치와 도리에 맞아야 한다

한도 끝도 없이 욕심을 부리는 사람과 거래할 때 상대방의 행동에 따라 그 방법에 주의해야 한다. 방법이 미흡한 사람이 억지를 쓰는 사람을 만나면 어쩔 도리가 없다. 첨예하게 대립하여 거절하거나 다툴 때 두 가지를 반드시 해내야 한다. 되도록 중개자가 입증하는 상황에서 논쟁하거나 거절한다. 합리적이고 합법적으로 객관적 근거를 대고 사실로서 상대방의 입을 막는다.

분노 때문에 많은 사람들이 감정적으로 대한다. 그러면 논쟁을 할 때 이성을 잃고 충동적으로 잘못된 방법을 선택하기도 한다. 상대방에게 충분히 이용당하고도 도의를 문제 삼으면 일은 해결하기 어려워진다.

3. 논쟁을 방지한다— 흉은 앞에서 본다

가장 좋은 방법은 미리 상대방에게 말하고 마지노선을 그리는 것이다. 이렇게 되면 상대방이 욕심을 낼 공간이 줄어든다. 욕심과 불만이 가득하고 만족할 줄 모르는 사람과 거래할 때 가장 좋은 방법은, 먼저 필요한 조치를 취하고 당신의 원칙을 설명하는 것이다. 이렇게 하면 근본적으로 다툼의 발생을 피할 수 있다.

거만하지 않게,
부드럽게 거절하라

●   어려운 문제에 부딪혔을 때, 나는 흥분할 것이 아니라 즉시 두 가지 중요한 문제를 생각해보라고 조언한다. 고함치고 흥분하면 문제를 해결할 수 없을뿐더러 스스로를 안정시킬수도 없기 때문이다. 원하는 것은 시비를 분명히 하고 기본 원칙을 세우는 것이 아닌가!

1. 나는 왜 'No'라고 말하려고 하는가?

2. 어떻게 말해야 상대방의 마음까지 설득할 수 있을까?

1.이 고려하는 것은 어떤 일을 거절하려는 목적과 이로써 거절이 당신에게 가져올 이해득실을 따지는 것이다. 이에 따른 결과

는 두 가지로 볼 수 있다. 첫째, 거절이 당신에게 이익을 가져다주므로 반드시 과감하게 거절해야 한다. 둘째, 거절이 합당하지 않으며 불이익만을 가져다준다. 이때는 바로 거절하지 말고 잠시 시간을 가지고 이야기해보거나 거절을 포기한다. 2.는 단 하나의 결과만을 가져온다. '나는 반드시 거절해야 하며, 해결하기 위해 마땅한 이유를 찾아 상대방을 거절해야 한다!'

문제를 생각할 때 습관적으로 '목적'에 얽매이지 말고 원인을 생각하고 합리적인 과정을 설계해야 한다. 만약 목적에만 주목한다면 온정을 잃을 수 있다. 다시 말해 자신의 이익을 고려하면서 'No'라고 말하려면 반드시 원인을 분명히 하고 신뢰할 만한 이유를 밝혀야 한다.

'이심전심以心傳心'이라는 말이 있다. 입장 바꾸어 생각해보라는 것이다. 그래야만 당신이 왜 거절해야 하는지, 왜 약속을 지켜야 하는지 분명해진다. 이심전심의 본질은 쌍방이 서로를 이해하고 공감대를 찾아 현실적으로 생각하는 데 있다.

1. 거절의 금기사항—거만하지 말 것

거절할 때는 단순하게 그리고 온화한 태도로 해야 한다. 거만한 태도는 절대 금물이다. 만약 거만한 태도로 'No'라고 말한다면 상대방은 분명 당신이 의도적으로 그를 적대한다고 생각할 것이다. 설령 이유가 충분하고 반박의 여지가 없다고 해도 그는 당신에 대해 매우 부정적인 인상을 갖게 될 것이다. 이러한 거절이 가져올 위험은 이익보다 훨씬 크다. 반드시 피해야 한다.

2. 거절의 전제—다른 관점을 포용할 것

거절하기 전 상대방에게 자신의 생각 전체를 말할 수 있는 충분한 시간을 주었는가? 다른 관점에 대해 입을 열자마자 'No'라는 한마디로 소통의 문을 닫을 게 아니라 자유롭게 말할 기회를 줘야 한다. 실제로 많은 사람들이, 이성적이라는 사람들조차 다른 사람과 관점의 차이가 있을 때 매우 쉽게 극단적이고 편협하게 변하며, 상대방에게 말할 기회조차 주지 않는다.

한 사람의 성숙도를 보여주는 것 중 하나가 바로 다른 의견을 포용하고 모든 목소리에 귀를 기울이는 것이다. 설령 그것이 불합리하고 무례하며 심지어 다른 속셈이 있더라도 다 듣고 난 뒤에 대답해야 한다. 나는 사람들에게 서로 더 많이 논쟁하라고 권한다. 논쟁과 거절을 통해서만 공감대를 찾을 수 있기 때문이다. 하지만 상대방의 관점을 존중해야 한다는 사실을 반드시 기억해야 한다. ,이는 모든 성인이 반드시 갖추어야 할 덕목이다.

바로바로 거절할수록
깔끔하다

간혹 여비서에게 애꿎은 불평을 들을 때가 있다.

"선생님, 저야말로 거절을 잘 못하는 사람이에요. 다른 사람에게 원망을 살까 봐 항상 조심스러워요. 제가 면전에서 거절한다면 저에게 나쁜 마음을 품겠죠? 그래서 어떤 요구라도 억지로라도 할 수 있는 일들은 그냥 들어주고 내가 좀 바쁘면 그만이지, 하고 말아요."

"당신은 분명 좋은 사람이에요. 한 가지 물을게요. 억지로 수용한 행동이 바라는 결과를 얻었나요? 상대방의 요구를 즉시 수락하고 도왔는데, 손해를 보면 그들은 어떻게 보상해주나요? 고마워하긴 하나요?"

그녀는 한참을 생각하더니 답답한 듯 말했다.

"거의 없죠. 오히려 인정 없다고 불평을 터뜨린 게 한두 번이 아니에요. 열심히 돕고도 일이 잘 안 되는 게 가장 괴로워요!"

이런 상황은 왜 발생할까? 즉시 거절해야 할 문제를 우물쭈물 하다가 상대방에게 수락의 여지를 남겼기 때문이다. 하지만 수락한 뒤 쉽게 해결할 수 없는 일임을 알게 되거나, 자신이 너무 큰 대가를 치러야 한다는 사실을 알게 된다.

그 뒤에 일어난 결과는? 상대방의 예상과 맞지 않아 서로의 관계에 금이 가게 되었다. 호의를 악의로 받아들이는 것이다.

이러한 상황에 대해, 특히 단순한 문제에 대해 가장 좋은 방법은 그 자리에서 즉시 거절하고 어떤 여지도 남기지 않는 것이다.

1. 감정 문제—싫어하는 사람이 당신을 쫓아올 때

이러한 상황이 익숙한 여성들이 있을 것이다. 전혀 마음에 없는 남학생이 남몰래 호의를 보이는 상황이 종종 있다. 만약 그 남학생에게 전혀 마음이 없다면 모호한 태도를 보이지 말고 반드시 즉시 거절해야 한다.

하지만 실제로 대부분의 여학생은 잘못된 방법을 선택한다.

본체만체 하며 긍정인지 부정인지 어떠한 대답도 하지 않거나,, 어떻게 해야 할지 몰라 하거나 못 알아듣는 척하면서 여지를 남긴다. 이 세 가지 방법 모두 위험하다. 못 알아듣는 척하며 계속 함께 밥을 먹고 차를 마시며 상대방의 선물을 받는 등 호의를 누리면 마음이 편하겠는가?

2. 일의 문제—도움을 요청받았지만 수락할 수 없을 때

일하다 보면 이런 일들이 자주 발생한다. 동료가 당신에게 일을 거들어달라며 부탁하거나 협조를 요청한다. 모두 한 사무실에서 일하고 같은 일을 한다. 작은 일이야 서로 도와가며 하는 것이 당연하다. 그래서 마냥 좋은 사람은 약삭빠른 동료들에게 이용되어 이런저런 일들을 도맡곤 한다. 한두 번은 그러려니 할 수 있다. 하지만 매일 반복된다면 어떨까? 짜증이 극에 달하고 무력감을 느낄 수도 있다. 어떻게 해야 할까? 이런 상황에 부딪힌다면 첫째, 동료에게 자신의 원칙을 분명히 말해야 한다.

"나도 해야 할 일이 있어서 도와줄 시간이 없네. 두세 번까지는 괜찮은데, 빈번히 이런 일이 생기니 부장님께 인력을 충원해달라고 말씀드려보는 것이 어때?"

이렇게 단호하고 분명하게 말해야 한다. 그러지 않으면 상대방은 여전히 당신을 우습게 생각할지 모른다. 둘째, 거절할 때는 신경을 곤두세우며 상대방을 달아나게 만드는 것이 아니라 자신의 태도에 주의하여, 상대방이 자신의 입장에서 이해할 수 있도록 자신의 어려움을 설명한다.

일반적으로 사람들과 반목하게 되는 이유는 당신이 그들을 거절했기 때문만은 아니다. 거절할 때의 말과 방식이 상대방을 쿨 불쾌하게 했기 때문이다. 악랄한 태도로 인한 결과는 상상 이상이다. 심지어 그 회사의 앞날에 영향을 미칠 수도 있다. 적을 만드는 것과 같다. 그 뒤 그는 일을 하면서도 기회를 엿보며 당신을 괴롭힐 것이다.

동료가 당신에게 다가와 부탁할 때 고개도 들지 않은 채 "지금 바쁜데." 이 한마디로 끝낸다면, 비록 확실히 거절의 뜻이긴 하지만 상대방은 어떻게 생각할까? 그는 분명 기분 나빠하며 '남을 도울 줄 모르는 사람이구나'라고 생각할 것이다. 일을 하면서 거절해야 할 때는 이유에 대해 상세히 설명해 상대방이 오해하지 않도록 해야 한다.

예를 들어, 상사가 다가와 즉시 문서 하나를 처리하라고 지시했다고 하자. 마침 다음 날 중요한 회의 자료를 바쁘게 정리하던 참이라 전혀 시간을 낼 수 없었다. 그러면 당신은 고개를 들어 그를 바라보며 온화한 태도로 지금 바쁘게 하고 있는 일에 대해 말하고 그가 현명한 판단을 내리기를 기다린다.

"하, 부장님, 어떻게 하면 좋을까요?"

상사에게 판단하고 선택하게 하면서 스스로 '거절'을 생각하고 책임지도록 만드는 것이다. 당신은 리스크를 피하는 동시에 합리적으로 시간을 관리해, 감당하지 못할 약속 때문에 무너지고 마는 일을 예방할 수 있다. 가장 좋은 방법이다.

만약 너무 늦게 거절하면 너무 피동적인 위치에 놓일 수 있다. 설령 최뒤에 심각한 결과를 초래하지는 않겠지만 두 사람의 관계가 어색해질 수 있다.

켈리는 하워드라는 그의 제자에 대해 이야기했다. 하워드에게는 친구가 한 명 있었는데, 자주 그를 찾아와 돈을 빌려가곤 했다. 일주일에 한 번씩 전화를 걸어와 말했다.

"이봐. 친구. 급한 일이 있는데, 5달러만 빌려줘."

하워드는 어떻게 반응했을까? 그는 잠시 뜸들이다가 말했다. "아, 잠깐만. 이번 달 생활비가 부족하지 않은지 확인해볼게."

사실 그는 돈을 빌려주고 싶은 마음이 조금도 없었다. 자신이 쓸 돈도 충분하지 않았으며 때로 부모님께 빌려서 생활을 할 정도였다. 하지만 그는 친구에게 돈을 빌려주었다.

항상 이런 식이었다. 돈이 부족할 때면 친구는 그에게 전화를 건다. 그는 여전히 한 번 생각한 뒤에 어쩔 수 없이 돈을 건넸다. 그가 결심을 밀고 나가지 못했기 때문이다. 처음부터 자신의 입장을 드러내 친구가 단념하도록 하지 못했기 때문이다. 5초 동안 우물쭈물하나 거절할 적당한 타이밍을 놓치고 만 것이다.

하워드는 이렇게 말할 수 있었다.

"정말 빌려줄 돈이 없네. 돈이 있었으면 벌써 집을 샀겠지. 내 상황이 어떤지 너도 알잖아. 겨우 90달러의 주급 중 절반은 생활비로 쓰고 나머지 절반은 동생 학비로 집에 보내고 있어."

이런 거절을 받은 뒤 친구가 어떻게 반응할까? 그는 분명 예의 바르게 말할 것이다.

"할 수 없지. 그렇다면 더는 난처하게 하지 않을게."

그가 화를 내거나 설령 절교까지 생각하더라도 그 자리에서 시비를 걸진 않을 것이다. 이 거절에는 합리적인 이유가 있었고 그가 받아들일 수 있는 범위 내에 있기 때문이다. 처음부터 그에게 부정의 답을 표시한다면 이것은 그가 예측할 수 있는 것이다. 그러므로 그가 원한을 품거나 복수할 것을 걱정할 필요는 없다. 하지만 다음 원칙을 반드시 지켜야 한다.

1. 먼저 경청할 것

나는 거절하기 전에 절대로 상대방이 말할 기회를 박탈하지 말라고 조언한다. 본능적으로 반응해 되는 대로 거절을 통보해서는 안 된다. 상대방이 이제 막 한두 마디 했을 때 곧바로 거절하며 변명의 기회조차 주지 않으면 곤란하다. 가장 잘못된 선택이다. 거친 태도는 거절 자체보다 더 쉽게 상대방의 반감을 사고 둘의 관계를 무너뜨릴 수 있다.

우선 인내심을 가지고 상대방의 말을 잘 들어야 한다. 그리고 듣는 과정에서 감정을 이입하고 동정심을 가져, 상대방의 이유와 요구를 상세히 이해한다. 경청할 때 상대방 입장에서 엄숙하게 요구를 고려하면, 이 요구가 그에게 얼마나 중요한지 당신이 이해하고 있음을 상대방도 알 수 있다. 이렇게 해야 거절할 때 상대방도 당신의 진심을 이해하고 당신이 경솔하게 거절한 게 아니라는 사실을 알 수 있다. 충동적으로 행동한 게 아니라 진지하게 고려해 내린, 객관적이며 어쩔 수 없는 결정임을 알 수 있다.

2. 진지할 것

진실한 태도보다 감동을 주는 것이 또 있을까? 거절할 때, 당신은 먼저 상대방이 도움이 필요할 때 당신을 먼저 떠올렸다는 데에 감사해야 한다. 자부심을 가질 만한 것으로 두 사람의 관계를 상징한다. 그러고 나서 거절하는 것에 대해 사과한다. 지나치게 사과할 필요는 없다. 불성실하거나 가식적이라는 인상을 줄 수 있기 때문이다. 거들먹거리는 태도로 상대방 요구를 거절하기니 다인의 부탁에 대해 불쾌한 안색을 드러내는 것은 좋지 않다. 물론 상대방을 얕보거나 무시하는 행동은 더더욱 금물이다. 이런 태도로 인해 친구도 잃고 존중을 잃을 수 있다.

그렇다면 진실한 태도는 무엇을 가져올 수 있을까? 거절한 뒤에도 우정을 유지하며 관계를 원만하게 유지할 수 있다.

3. 생각해볼 필요가 있다면 구체적인 시간을 알려줄 것

때로 "생각해볼게요"라는 말로 완곡하게 거절할 때가 있다. 차마 면전에서 거절할 수 없어서 단지 시간을 끌며 상대방을 이해시키고자 했을 뿐이라는 속뜻을 알리는 것이다. 하지만 틀린 방법이다. 만약 당신이 계속 생각만 하고 답을 주지 않는다면 이미지는 크게 훼손될 것이다. 그러므로 당장 면전에서 거절하고 싶지 않다면 생각하는 데 얼마나 시간이 필요한지 분명히 알리고, 그 시간이 되었을 때 생각한 결론을 상대방에게 즉시 알려 신용을 보여야 한다.

바로 결정하지
말 것!

●　　　거절을 할 때 먼저 문제의 성질을 이해해야 한다. 문제의 성질이 불명확하다면 즉시 대답하지 말고 일정 시간을 갖고 생각해보아야 한다.

상대방이 당신에게 도움을 청한 문제는 무엇인가? 왜 이런 문제가 발생했는가? 그가 당신에게 바라는 것은 무엇인가? 그를 위한 당신의 행동이 당신에게 어떤 영향을 미치는가?

먼저 자세히 이해한 뒤 신중하게 생각해 자신의 일에 영향을 미치지 않으면서 그의 문제 해결을 도울 수 있는지 생각해보고, 어떻게 해야 도울 수 있을지 정한다. 만약 문제의 성질에 대해 생각 없이 결정하면, 거절하든 수락하든 새로운 잘못이 생길 것이며 그로 인해 새로운 문제가 나타날 것이다.

그러므로 확신할 수 없을 때는 시간을 가지고 생각한 뒤 답을 한다. 하지만 생각한 뒤에는 어떻게 거절해야 가장 좋을까?

쑤저우에서 일하는 뤼 씨는 말했다.

"회사에 다닌 지 2년 반이 되었어요. 회사를 그만두고 친구와 함께 창업할 계획을 가지고 있어요. 원래는 올 연말까지만 다니고 사직서를 제출할 생각이었는데, 사장님이 눈치를 채셨는지 갑자기 부르더라고요. 1년만 더 도와달라고 하시더군요. 연봉은 30% 인상해주는 조건으로요. 생각해보고 답을 달라고 하셨고 이제 일주일이 지났어요. 생각 끝에 저는 더는 회사에 머물지 않고 사표를 쓰기로 결심을 했어요. 그런데 어떻게 말씀을 드려야 할지 모르겠어요."

사장은 당신이 회사에 중요하다고 생각해서 떠나는 것을 원치 않기 때문에 더 좋은 조건으로 붙잡으려 하지만, 당신은 이미 떠나기로 결심했다. 이때, 거절하는 방식은 매우 중요하다.

나는 뤼 씨에게 이렇게 조언했다. 창업을 통해 성공을 거둘지 불분명하다면 사장의 호의를 가볍게 거절하는 것은 옳지 않다. 윗사람에게 인정받는 것은 얻기 힘든 기회이다. 생각해본 뒤에 거절할지 대답해야 한다. 만약 거절을 결심했다면 더욱 세심하게 준비한 뒤에 사표를 써야 한다. 만약 떠나고 나서 창업에 어려움을 겪는다면 애초의 결심을 후회할 것이기 때문이다.

어떤 일의 좋고 나쁨을 정말 잘 모를 때 성급히 입장을 밝히거나 조급하게 의도를 드러내는 것은 어리석다. 마치 회사의 회의에 참석하는 것과 같다. 대부분의 경우 사장이 회의를 여는 것은 생각을 통일하고 어떤 결정을 철저하게 실행하기 위해서다. 이때 그는 이미 선택을 했고, 회의에서 토론에 부치는 것은 대다수 사람들의 생각을 타진해보며 누가 자신과 같은 생각을 가지고 있는지 탐색해보는 것일 뿐이다.

그가 듣고 싶어 하는 것이 무엇이겠는가? 거절이 아니고 옹호, 반대가 아니라 지지다!

중대한 문제나 프로젝트에 대한 회의에서 만약 주요 인물의 의견과 어긋나는 주장을 하면 '다른 그룹'으로 취급되어 인정을 받기 어려워진다. 많은 젊은이들이 직장 문화를 이해하지 못해 중요한 문제에 대해 잘못된 태도를 보이며 어려움을 겪는다.

불확실한 중대한 문제에 대해 설령 반대하더라도 제일 먼저 의사표시를 하지 말아야 한다. 적당히 침묵하며 기다리고 상황을 지켜보다가 적절한 때에 자신의 관점을 밝히는 것이 좋다.

1. 모르는 것을 말하지 않는다

만약 어떤 문제에 대해 잘 모르거나 또는 어떤 일에 대해 말할 수 없다면 아무 말도 하지 않고 거절도 긍정도 하지 않는 것이 가장 좋은 방법이다.

2. 불확실한 것에 대해서는 말을 아낀다

어떤 일에 대해서 깊이 생각해보았지만 어떤 입장을 취해야 할지 여전히 불확실하다면 성급히 발언해서는 안 된다. 어쩔 수 없이 의사표시를 해야 할 때는 최대한 경청하고 되도록 말을 아끼며, 최대한 상대방의 기분을 상하지 않게 한다.

중요한 것은
수단이 아니라 태도

직장 심리학 교육에 참가한 50여 명의 교육생에게 말했다.

"중요한 것은 지금 우리 앞에 무슨 일이 일어났는지가 아니라 그것을 어떻게 대하고 처리할지입니다. 바로 우리의 태도죠."

난감한 거절 문제에 부딪혔을 때 이렇게 생각할 수 있다.

'나는 날씨에 의해 좌우될 수는 없지만 마음은 바뀔 수 있다. 나는 얼굴을 바꿀 수는 없지만 가장 진실한 웃는 얼굴을 보여줄 수는 있다. 나는 타인의 생각과 행동을 통제할 수는 없지만 내 태도를 통제할 수는 있다. 나는 내일 무슨 일이 일어날지는 예측할 수 없지만 오늘을 충분히 활용할 수는 있다. 나는 모든 일이 완승을 거두게 할 수는 없지만 모든 일에 최선을 다해, 노력이 헛되지 않도록 할 수는 있다.'

나는 교육생들에게 어떻게 선택할 것인가에 대한 테스트 문제를 냈다. 내용은 매우 간단하다. 어느 폭풍우 치는 밤에 차를 몰고 가면서 한 정거장을 지나게 되었다. 그곳에는 세 사람이 버스를 기다리고 있다. 첫 번째 사람은 곧 세상을 떠날 노인이라 매우 안쓰러웠다. 두 번째 사람은 의사이며 예전에 당신의 생명을 구해준 은인이다. 당신은 그에게 은혜를 갚고자 하는 마음을 늘 가지고 있었다. 세 번째 사람은 아름다운 여성으로 꿈에도 그리던 이상형이었다. 하지만 당신의 차에는 단 한 명만 태울 수 있다. 어떤 선택을 할 것인가? 그리고 그 이유를 설명하도록 했다.

이것은 방법과 관계된 문제인 듯 보인다. 하지만 핵심은 응답자의 태도를 시험하는 것이다. 물론 모든 답에는 자신만의 이유가 있어야 한다. 모든 선택이 잘못된 것은 아니다. 하지만 가장 중요한 것은 당신이 골치 아픈 순간을 어떻게 대하는지에 있다.

"저는 노인을 구하겠어요. 돌아가시면 어떻게 해요."

"저는 노인과 여인을 거절하고 의사를 차에 태우겠어요. 저를 구해주신 은인에게 보답할 기회니까요. 은혜를 반드시 갚아야 한다고 생각해요. 어렸을 때부터 부모님이 그렇게 가르치셨죠."

"저는 의사와 노인을 거절하겠어요. 의사는 풍부한 의학적 지식이 있으니 노인을 잘 보살펴줄 거예요. 하지만 꿈에 그리던 이상형을 놓치면 그런 기회가 다시 오지 않을 수도 있잖아요. 그러니 저는 여인을 차에 태우겠어요."

서로 각자의 의견을 말하며 교육장은 시끌시끌해졌다. 모두 자신의 태도를 밝혔다. 하지만 유감스럽게도 단 한 사람만이 감탄할 만한 대답을 했다. 그는 말했다.

"아주 간단한 문제예요. 자동차 열쇠를 의사에게 주고 노인을 병원으로 데려가도록 하고, 저는 차에서 내려 이상형의 그녀와 함께 버스를 기다릴 거예요."

간단한 선택형 문제 또는 거절 문제이다. 결과는 각자의 인생 태도에 따라 완전히 다른 양상으로 나타난다. 그러므로 거절과 관계된 난제에 직면했을 때 항상 '먼저 거절은 한쪽에 치워두라'라고 조언한다. 선택과 포기가 아니라 태도와 그 뒤를 잇는 방법이다. 생각을 선택 자체에 두지 말고 가장 올바른 태도와 결합하여 냉정하고 객관적인 태도를 유지하고, 사건의 이해를 자세히 고려해 가장 좋은 방법을 찾는 것이다. 만약 정말로 거절할 수 없다면, 경청하되 의사표시를 하지 않는 방법을 선택할 수 있다.

'말하는 것도 어렵지만 잘 말하는 것은 더 어렵다.'

그러므로 거절의 가장 좋은 태도는 사실 상대방이 스스로 부탁을 거두어들이도록 해 거절할 기회조차 만들지 않는 것이다. 이때 당신은 적절히 침묵하면서 경청하고 적절한 때 침묵하면서 관찰하면 된다. '말이 많으면 실수가 따르므로 침묵이 금이다' 라고 말한다. 성공한 사람일수록 의사표시를 할 때 신중하며 항상 침묵으로 시작하여 경청으로 끝난다. 떠벌리고 드러내는 것보다 내성적인 태도가 낫다는 사실을 알려준다. 정말 거절할 수 없을 때는 최대한 적게 말하고 의사표시를 줄이는 편이 낫다. 엎질러진 물은 담을 수 없듯이 내뱉은 말은 주워 담을 수 없기 때문이다. 말을 제대로 했으면 다행이지만 잘못했다면? 정말 거절할 수 없을 때, 또는 거절이 통제할 수 없는 결과를 초래할 수 있을 때에는 아무 말도 하지 않고 자리를 떠나는 것이 낫다. 다음 세 가지 일을 대할 때 우리의 태도는 반드시 단호해야 한다.

1. 기초적인 이익과 관계된 일

이때는 결코 '부끄러워'해서는 안 된다. 그렇다고 무슨 고상한 품격이라도 가진 듯 의기양양해서도 안 된다. 기초적 이익에 대해서는 언제라도 물러서거나 타협해서는 안 된다. 포기는 더더욱 있을 수 없다. 대범하고 용감하게 쟁취하고 보호해야 한다. 만약 단지 '부끄러워서' 권리와 이익을 잃었다면 아무도 당신에게 감동받지 않을 것이다. 오히려 남의 재앙을 보며 고소해할 것이다!

2. 자신이 할 수 없는 일

할 능력이 없는 일은 당연히 망설일 필요도 없이 거절해야 한다. 하지만 현실 속에서 상대방과의 특별한 관계, 즉 동료, 친구, 친척 등과 같은 관계 때문에 난처하여 거절하지 못한다. 그들은 자신이 할 수 없는 일이라도 이를 악물고 승낙하여 큰 대가를 치루며 남을 돕고 위험도 마다하지 않는다. 결과는 어떨까? 일이 잘 안 되면 상대방은 불쾌해하며 자신을 괴롭힌다.

3. 원칙에 따라 거절해야 하는 일

원칙에 관계된 문제는 난감해해서는 안 된다. 원칙이 무엇일까? 절대로 물러나서는 안 되는 일에는 경계선을 그리고 그 경계선을 넘지 않도록 해야 한다. 하지만 많은 사람들이 단지 '부끄럽다'는 이유로 자신의 원칙을 잃는다. 절대로 범해서는 안 되는 실수이다. 이렇게 되면 쉽게 자신의 권위를 잃고 이리저리 괴롭힘 당할 것이다.

괜찮은 성격을 만드는
100가지 방법

1. 대중적인 사교 활동에 더 자주 참여한다
대인 관계를 넓히고 교류를 확대해 표현하는 데 익숙해지자.

2. 말하기 연습을 한다
일주일에 30분씩 집에서 한다. 거울을 보면서 할 수도 있다. 가장 싫어하는 사람이나
가장 존경하는 사람과 말한다고 가정하고 어떻게 소통할지 연습한다.

3. 낯선 사람과 자주 소통한다
익숙하지 않은 사람들을 이해하려고 노력하며 나와 공통점이 있는지 살펴본다.

4. 매일 잠들기 전이나 잠에서 깬 뒤 명상 훈련을 한다
10분 동안 명상하는 것만으로도 자신감이 생기고 긍정적인 마음이 강해진다.

5. 매일 생활과 일에 대해 종합 보고서를 작성한다
좋은 일과 나쁜 일 모두를 적고, 하루를 돌아보며 더 나은 대안을 찾아본다.

6. 화가 나면 5초 뒤에 다시 말하기
먼저 5까지 센 뒤 다시 말한다. 화가 누그러질 때까지 반복한다.

7. 나만의 마지노선을 설정한다
양보하거나 물러설 수 없는 인생의 원칙을 정하면 더 자신 있게 행동할 수 있다.

8. 불합리한 요구를 받으면 먼저 '왜?'라고 묻는다
성급히 승낙하지 말고 먼저 이유를 물어 상대방의 설명을 듣고 난 뒤 결정한다.

9. 매일 규칙적으로 운동한다
조깅이나 계단 오르기 등도 상관없다. 운동은 정신을 긍정적으로 변화시킨다. 적극적이며 주도적으로 생각하게 되며, 문제를 정면으로 맞서게 된다.

10. 언제나 목표를 확실히 세운다
크든 작든 그 목표를 향해 나아간다. 습관이 일과 삶에 방향을 제시한다.

11. 성공은 운과 기적에 기대서는 안 된다
운은 두 번, 세 번 이어지지는 않는다. 성공은 가진 것을 어떻게 쓰느냐에 달려 있다. 성공은 노력과 지혜에 있으며 장기적인 업무 효과에 대한 시험이다.

12. 환경을 바꿀 수 없다면 스스로가 변하라
재능을 드러내며 운명과 싸워야 한다. 자신이 바뀌면 시야가 변하고 새로운 각도를 발견하고 새로운 출구를 찾게 된다.

13. 인격은 부보다 중요하다
부는 움직인다. 오늘은 세계 제일의 부자이지만 내일은 빈털터리가 될 수도 있다. 인격만이 영원하다. 인격이 앞서고 그다음 지위와 성과로 산다.

14. 반드시 고통을 체험해야 한다
성장에는 반드시 고통이 따른다. 그러니 실패를 두려워하지 말아야 한다. 실패에서 교훈을 얻고 그 안의 단맛과 쓴맛을 모두 체험해야 한다.

15. 전반적인 소양을 높인다
전반적 소양이란 무엇인가? IQ, 지식, 깨달음, 의지력 등을 종합한 것이다.

16. 자신이 가야 할 방향을 안다
어떤 방향으로 가야 할지 지속적으로 아는 것이 중요하다.

17. 너무 일찍 포기하지 말고 조금 더 노력한다
용기와 함께 끝까지 밀고 나가야 한다. 때로 어떤 일을 이루려는 방법이 없는 것이 아니라 너무 일찍 포기했기에 실패하는 경우도 많다.

18. 환경이 미치는 영향은 매우 크다
좋은 환경이 좋은 결과를 만들며, 나쁜 환경은 길이 아닌 길로 가게 한다.

19. 문제를 피하는 방법을 이해한다
문제 해결 방법보다 더 중요하다. 최후의 승자는 리스크를 잘 막는 사람이다.

20. 정서의 마지노선을 설정한다
감정을 통제하고 감정이 행동을 통제하지 못하게 해야 한다. 분노, 충동, 맹목에서 벗어나 스스로 평화롭고 담담해야 한다.

21. 적어도 하나 이상의 예비 시나리오를 준비해둔다
대비와 예비가 늘 필요하다. 순조로울 때 불리함을 생각하고 불리할 때 물러날 길을 준비하면, 현재 방안이 통하지 않을 때 즉시 예비 방안을 꺼낼 수 있다.

22. 신념이 결과를 결정한다
신념이 태도를, 태도가 행동을, 행동이 결과를 바꾼다.

23. 나쁜 습관은 반드시 고친다
나쁜 습관은 본능에 침투해 타성이 된다. 인생의 방향을 바꾸고 잘못된 행동 방식을 조성한다. 습관의 족쇄를 풀어야 새로운 사고를 형성할 수 있다.

24. 방향이 틀렸다면 모든 것이 틀린 것이다

만약 방향이 틀렸다면 노력할수록 잘못은 점점 더 커진다. 열심히 일할 때 반드시 고개를 들어 자신이 어느 방향으로 가고 있는지 확인해야 한다.

25. 자신을 잃지 않는 것이 중요하다

현재 서 있는 위치를 분명히 안다면 방향을 잃지 않을 것이다.

26. 앞을 내다보는 결단력을 발휘한다

주도권을 잡으려면 반드시 미래의 우위를 점해야 한다. 이를 통해 앞을 내다보고 미래에 대해 올바른 판단을 하며 신속한 결정을 할 수 있다.

27. 과감한 문제 제기가 중요하다

문제 해결은 단지 기술적인 것이지만 문제를 제기하는 것은 혁명적이고 결정적이다. 따라서 미리 문제를 발견하는 능력이야말로 반드시 미리 갖추어야 한다.

28. 당신을 움직일 수 있는 것은 오직 당신 자신뿐이다

외부 세계는 내면세계의 투영이다. 당신 스스로 강해져야만 성공할 수 있다. 반대로 당신이 나약하다면 분명 실패할 것이다.

29. 할 수 없는 것이란 없고, 오직 생각하지 못한 것만 있다

발보다 더 긴 길이 없듯이 사람보다 더 높은 산은 없다. 당신의 앞길을 막는 것은 외부의 고난이 아니라 당신 내면의 두려움이다.

30. 일하는 과정 자체를 즐겨라

좋은 일이든 나쁜 일이든 먼저 회피하지 말고 받아들여야 한다. 상황 자체를 원망하지 말고 낡은 관념을 바꿔야 한다.

31. 자신의 마음을 바꿔라

많은 일을 바꿀 수는 없다. 하지만 자신의 마음은 바꿀 수 있다. 마음이 변하면 사물을 보는 각도도 달라진다. 이렇게 되면 완전히 다른 관점이 생긴다.

32. 모든 일에 먼저 생각하고 행동해 한발 먼저 앞서라

남들이 이해하지 못할 때 이해하고 남들이 이해했을 때 이미 행동하면, 남들이 행동할 때 성공을 거둔다. 생각이든 행동이든 먼저 내다보자.

33. 모르는 것보다 편견이 더 나쁘다

편견이란 자신이 '보고 싶은 것'만 보는 것이다. 모르는 사람은 배우면 되지만 편견을 가진 사람은 배우는 것을 거부하기 때문에 더 심각하다.

34. 자신을 속이지 말고 남을 속이지 마라

자신의 눈을 가렸다고 해서 세상이 캄캄해지는 것이 아니며, 남의 눈을 가렸다고 해서 빛이 당신만 비추는 것이 아니다.

35. 포기할 줄 알아야 얻을 수 있다

포기하는 만큼 미래에 얻게 될 것이다.

36. 늦었다고 생각할 때가 가장 빠른 때이다

인생에서 가장 바닥을 걷고 있을 때 바로 인생의 전환점을 맞이할 기회가 찾아온다. 이때 원망하며 시간을 보내면 기회는 사라진다.

37. 다른 사람이 무슨 말을 하든 상관하지 마라

이미 목표가 정해졌다면 다른 사람의 시선과 그들이 하는 말을 신경 쓸 필요는 없다. 당신은 그들의 입을 막을 수는 없지만 자신의 행동은 통제할 수 있다.

38. 과감한 포기는 새로운 기회와 선택을 의미한다

아까워서 손에서 놓지 못하는 것을 잡으면 당신은 그것만 가질 수 있다. 그러나 어쩔 수 없이 포기해야 할 때는 그것이 곧 새로운 선택과 미래임을 기억하라.

39. 공상만 하고 이론에만 집중하는 것은 금물이다

공상만 하면 환상 속에서만 산다. 이론에만 집중하는 사람은 실질적인 일은 전혀 하지 못한다. 실속 있는 사람이 되려면 현실감각을 갖추고 열심히 일해야 한다.

40. 증거를 찾는 것이 거절보다 중요하다
문제에 직면했을 때 오랜 시간 의심하며 거절하는 것보다는 서둘러 의심을 풀고 진상을 밝히는 것이 낫다.

41. 지금부터 변화하라
현재는 과거보다 미래보다 중요하다. 나중의 운명을 바꾸기 위해서 먼저 지금을 바꿔야 하며 지금부터 행동을 시작해야 한다.

42. 두려워하지 마라
두려워하지 말고 그 힘까지 모아 자신이 생각하는 것에 쏟아야 한다. 그렇지 않으면 두려움이 계속되고 그 두려움에 결국 무너질 것이다.

43. 자신의 질투심을 경계하라
본능적인 질투심은 마음에서 우러나오는 칭찬으로 대체해야 한다.

44. 다른 사람의 감사를 진심으로 받아들인다
이렇게 하면 상대방의 심리적 압력을 줄일 수 있다. 다른 사람을 도운 뒤 감사를 거절하는 사람은 가까이 가기 어렵고 오만한 인상을 줄 수 있다.

45. 24시간 이내에 답변해야 한다
습관이 되면 인간관계에서 정보가 얼마나 원활하게 통하는지 확인할 수 있다.

46. 하기 전에 반드시 생각한다
어떤 일을 하더라도 시작하기 전 충분히 준비하는 것은 필수이다.

47. 난관에 부딪히면 자발적으로 도움을 청한다
사실 대부분의 사람은 기꺼이 남을 돕는다. 남에게 도움을 요청할 때는 수줍어하지 말고 과감히 도움을 청한다. 다른 사람을 도울 기회를 주는 게 좋다.

48. 조언을 즉시 받아들이고 바꾼다
어떤 조언을 들었을 때 즉시 실행하거나 바꾸려고 해야 한다. 그렇지 않으면 곧 원점으로 돌아가고 어떤 문제도 해결할 수 없다.

49. 선택의 여지가 없을 때는 직감을 믿는다
모든 방법을 동원했지만 판단할 수 없을 때, 마음의 외침을 들으려고 노력한다.

50. 진심과 인내를 가져라
인간관계를 유지하는 데에 진심과 인내가 필요하다. 인간관계를 더욱 공고히 할 수 있
다. 동시에 실력을 양성할 수 있어 상생에 이를 수 있다.

51. 말하기보다 경청하라
누군가가 속마음을 털어놓을 수 있는 사람이 된다면 그들 마음속에서 높은 위치를 차
지하게 된다. 경청에는 인내가 동반되어야 하며 비밀을 지켜야 한다.

52. 하찮아 보이는 사람이라도 존중한다
위인은 모든 사람을 존중한다. 인연을 맺을 모든 기회에 열린 마음으로 임한다.

53. 어떤 일에서도 일대일로 싸우는 것은 피한다
무슨 일을 하더라도 혼자서 싸우려고 하지 말아야 한다.

54. 모든 성공의 전제는 협력이다
한 사람이 하면 두 시간이 걸리는 일을 두 사람이 하면 한 시간이면 끝난다.

55. 친구와 적은 동시에 존재한다
친구와 적은 항상 동시에 나타나 줄곧 당신과 함께한다. 그러므로 그들과의 관계를 정
리하는 능력을 반드시 배워야 한다.

56. 결과가 있는 일을 하라
결과를 보기 어려운 일은 기다리는 동안 점점 더 자신감을 잃고 존재감을 잃게 만든다.
무시무시한 결과가 차라리 아무런 결과도 없는 것보다는 낫다.

57. 신중한 것은 때로 최대 단점이 된다

중대하고 번거로운 일 앞에서 사소한 부분에 지나치게 신경 쓰고 용기가 부족하여 감히 행동하지 못하면, 혼란이 일어나 통제력을 상실하게 된다.

58. 실패에 무릎 꿇지 마라

성공하지 못하는 이유는 단지 한두 번의 실패에 쉽게 무너지기 때문이다. 실패는 시간 낭비가 아니다. 다음에 잘못된 시도를 피해가도록 해주는 경험치일 뿐이다.

59. 다른 사람과의 교류할 때는 먼저 생각한 뒤 말한다

멈추고 생각하지 않는 것과 멈추려고 하지 않는 것은 최악의 교류 방식이다. 스스로를 '쓸데없이 말만 많은 사람'으로 만들어서는 안 된다.

60. 약속을 신중하게 대해야 한다

약속한 순간부터 빚을 지기 시작하는 것이다. 최대한 모든 약속을 지켜야 한다.

61. 성과가 커질수록 겸손해야 한다

겸손한 태도는 오히려 남의 눈에 당신의 성과와 인격을 더 크게 보이게 만든다.

62. 같은 잘못을 반복하지 마라

실수하지 않는 사람은 없다. 하지만 자신의 잘못을 진정으로 반성한 사람은 똑같은 잘못을 반복하지 않는다.

63. 침묵할 줄 알고 침묵하는 사람을 존중한다

다툼이 있을 때 가장 고상한 품성은 목소리 큰 사람이 아니라 침묵하는 사람에게 나타난다. 가장 어려운 일이 '싸우지 않는 것'이다.

64. 자신의 힘이 어디에서 나오는지 알아야 한다

삶에 대한 희망과 절망은 모두 강력한 힘을 만들어낸다. 그러나 절망을 이기는 유일한 출구는 인생의 희망을 찾는 것이다.

65. 굴욕은 일종의 부이지만, 그것을 어떻게 보느냐에 달려 있다

굴욕을 어떻게 대하느냐가 당신의 운명을 결정한다. 수치를 당하거나 좌절을 겪을 때, 가장 좋은 방법은 그것을 무시하는 것이다.

66. 어리석은 결정을 하지 말아야 한다

대부분의 어리석은 행동은 모두 손발 또는 입이 머리보다 빨리 움직였기 때문이다. 무슨 일을 할 때는 반드시 세 번 생각한 뒤 행동하라.

67. 목표의 가치를 과대평가하지 마라

자신이 추구하는 모든 것에 대해 평상심을 가져야 한다. 성공을 간절히 원하는 만큼 성공 뒤 상실감은 커진다.

68. 쉬운 일부터 한다

쉬운 일부터 시작해 점점 더 자신감을 쌓은 뒤 어려운 일을 하면 효율적으로 계획을 완성할 수 있다.

69. 상사에게 대들어본다

온화한 방식으로 반대 의견을 말하면서, 화를 내고 아랫사람에게 보복하는 것은 누구도 원치 않는다는 사실을 상사에게 분명히 보여준다.

70. 거절할 수 없을 때에는 혼자 웃고 털어버린다

나쁜 감정에 휩싸여 화가 치밀어 오를 때, 혼자 웃고 털어버리다 보면 '그냥 내버려둬'라는 심경이 나타난다. 그 뒤 자연스럽게 근심이 사라진다.

71. 상처에 적극적으로 반응한다

불공정한 대우를 받았을 때, 받은 상처를 분명히 알려야 한다. 적극적으로 다가가 반응하여 상대방이 자신의 행동을 똑바로 보고 고치도록 한다.

72. 남을 이해하는 것이 자신에게 관용을 베푸는 것이다

누구나 자신만의 숙제와 생각의 입장이 있다. 이견이 발생했다면 화내지 말고 입장을 바꾸어 생각해본다면 타인의 어려운 점을 이해할 수 있게 된다.

73. 화는 3분을 넘기지 않는다

화가 났을 때 다른 각도에서 생각해본다. 마음이 풀릴 수도 있고, 만약 생각을 잘 이어 간다면 감정은 통제 가능한 상태로 변하게 된다.

74. 자신의 영광을 타인에게 돌려본다

더는 불안해하거나 사건의 결과에 집착하지 않게 된다. 주변 사람으로부터 존중받는 사람이 될 수 있다. 이로써 불안의 여지가 줄어들 것이다.

75. 행복이란 무엇인지 이해한다

행복의 정의를 어떻게 이해하는지가 성공 가능성을 정한다. 행복은 가까이에 있다. 자 신의 행복에 대해서만 생각한다면 행복하지 않다는 의미이다.

76. 아무리 쉬운 일이라도 실패에 대비해야 한다

결과에 대해 이러지도 저러지도 못하는 상황을 피해야 한다. 특히 실패에 대해서는 일 을 시작하기 전에 반드시 자세히 대응 계획을 세워야 한다.

77. 나에게 가장 적합한 방법을 찾는다

성공 속도는 자신에게 가장 적합한 방법을 찾았는지 여부에 달려 있다. 모든 사람은 서 로 다르기에, 각자의 방법 또한 유일무이해야 한다.

78. 쉽게 성공하는 가장 좋은 방법은 '거절 회피'이다

가장 좋은 경쟁은 상대를 항상 거절해야 하는 상대가 아닌 같은 팀으로 보는 것이다. 경쟁보다는 협력이 더 강하다.

79. 모든 사람에게 자신을 '대체불가인 존재'로 만들어야 한다

모든 사람들이 당신을 필요로 한다면 실패자가 될 수 있을까? 거절할 필요가 있을까? 그렇다면 당신은 매우 성공한 사람이다.

80. 첫 술에 배부르기를 바라지 마라

사실 매일 1%씩만 발전한다면 머지않아 성공을 이룰 것이다. 급히 성공을 이루려는 사람은 불안감에 더욱 위험을 무릅쓰다 결국 실패할 확률만 더 높아진다.

81. 후광을 업고 살지 마라

과거는 미래와 다르고 어제는 내일과 다르다. 당장 1분 뒤, 1초 뒤의 미래에는 여전히 0부터 시작해야 한다. 후광을 업고 산다면 과거의 찬란한 순간은 앞날의 짐이 될 뿐이다.

82. 영원히 포기하지 말아야 할 가장 중요한 것은 꿈을 좇는 일이다

계속한다는 것은 성공한 것과 같다. 중도 포기란 이미 절반은 실패한 것이다.

83. 무슨 일을 하더라도 어느 정도 타인의 감정을 돌아볼 줄 알아야 한다

특히 여성과 어린이, 취약 계층에 대해 충동적이거나 거만하게 행동하지 말고 자신의 지위를 과시하지 말아야 한다.

84. 입을 조심하고, 또 조심하라

인간관계에서 입은 중요한 도구다. 입을 통제하지 못하면 마음까지 통제 불가능한 상태가 된다. 말이 가장 적은 사람이 가장 덜 불안해한다.

85. 자신의 존재감을 찾아야 한다

내가 대접받고 싶은 대로 다른 사람을 대접하라. 중요한 결정을 할 때 3명 이상에게 의견을 물어라. 소통하는 과정에서 서로 존재감을 강하게 느끼게 된다.

86. 가끔은 굽힐 때도 있어야 한다

가망 없는 희망은 그만두어야 한다. 얼른 새로운 삶을 다시 설계하는 편이 낫다. 원칙 문제가 아니라면 고집 부릴 필요도 없다.

87. 쓸데없는 말을 많이 하지 말아야 한다

한시도 가만있지 못하고 떠드는 사람은 내면이 불안하다는 증거이다.

88. 내려놓아야 할 일도 있다

아주 중요한 일이 아니라면 아예 내려놓고 며칠 뒤 다시 생각하는 편이 낫다. 어느 정도 정리가 되면 더 합리적이고 더 좋은 생각이 떠오를 수도 있다.

89. 자신의 과거에서 경험을 찾는다

과거에는 어떻게 대했는지 돌아보고, 자신이 존경하는 사람은 어떻게 처리했는지 생각해보면 불안감이 줄어들고 난관을 피할 수 있다.

90. 변명을 찾지 말고 방법을 찾아야 한다

방법은 언제나 문제보다 많다. 일을 하려면 방법이 필요하다. 문제를 해결하기 위해 노력할 때 불안감은 사라질 것이다.

91. 한 번에 해결하는 습관을 들인다

문제를 발견하고 다시 수습하면 종종 처음보다 몇 배나 많은 노력이 들며 정신을 어지럽게 한다. 일하기 전 계획을 세우는 방향으로 바꾸는 게 좋다.

92. 행동력과 끈기가 필요하다

행동력이 문제를 해결한다. 끈기는 어떤 장애물을 만나더라도 원래 방향대로 흔들리지 않고 밀고 나가며 그로 인해 고통 받지 않는 것이다.

93. 매일 자신에게 '내가 진정 원하는 것은 도대체 무엇인가?'라고 묻는다

문제에 직면했을 때 가장 좋은 방법은 자신과의 대화를 시작하는 것이다. 매일 이 절차를 반복한다면 분명 자신을 찾을 수 있고 자신감은 커진다.

94. 사소한 일로 오늘 하루를 낭비하지 마라

나도 당신도 모두 똑같다. 이 세상에 나를 이해해줄 몇 사람이 있는 것만으로 행복한 일이다. 사소한 일로 오늘 하루를 낭비할 필요는 없다.

95. 필요한 순간 침묵할 줄 알아야 한다

다른 사람의 오해를 샀을 때는 자신의 태도를 잘 보여줄 수 있는 방법을 찾아야 한다. 침묵은 상황을 안정되게 만들고 그들도 스스로 판단하게 이끈다.

96. 즐거운 생활 환경을 만들어야 한다

마음이 트이고 기분이 상쾌한 환경에서는 긴장감을 늦출 수 있다. 평소 집에서 음악을 듣고 향을 피우며 은은한 불빛을 켜두는 등 자신만의 방식을 찾아라.

97. 허영심을 줄이면 질투심도 줄어든다

허영심은 왜곡된 자존심이다. 허영심과 질투심은 서로 밀접하게 연결되어 있다. 허영심을 줄이면 질투심도 줄어든다.

98. 자신을 가두지 말라

살다 보면 어려운 일은 언제나 있게 마련이다. 거절할 수 없거나 거절하지 않았을 때 하늘을 원망하고 남을 탓하지도 자신을 가두지도 말아야 한다.

99. 원래 했던 생각이라고 해서 포기할 수 없는 것은 아니다

일이 뜻대로 되지 않을 때 원래 생각을 버리고 새로운 목표를 추구할 각오가 있어야 한다. 끈기 없이 마음을 바꾸는 것과는 다른 문제다. 융통성이 필요하다.

100. 다른 사람에게 당신과 같아지라고 강요하지 마라

사람과 사람의 차이를 인정하고, 사람들과 어울리고 싶지 않을수록 더더욱 노력해서 어울려야 한다.

모든 사람은 거절할 능력을 갖고 있어야 한다.
'좋은 사람'은 당장 그만두자!
그래야 내 인생의 잠재력을 제대로 드러내며 세상에 맞설 수 있다.

오늘부터
웃으며 거절할게요

1판 1쇄 인쇄 2019년 5월 7일
1판 1쇄 발행 2019년 5월 20일

지은이 저우웨이리
옮긴이 고보혜
펴낸이 여종욱

책임편집 박해원

펴낸곳 도서출판 이터
등 록 2016년 11월 8일 제2016-000148호
주 소 인천광역시 중구 은하수로229 영종한신더휴 스카이파크 104동 1204호
전 화 032-746-7213 **팩 스** 032-751-7214 **이메일** nuri7213@nate.com

한국어 판권 ⓒ 이터, 2019, Printed in Korea.

ISBN 979-11-89436-06-3 (03190)

이 도서의 국립중앙도서관 출판시도서목록(CIP)은 e-CIP 홈페이지
(http://www.nl.go.kr/cip.php)에서 이용하실 수 있습니다. (CIP제어번호:CIP2019016557)

값은 뒤표지에 있습니다.
잘못 만들어진 책은 구입처에서 교환해 드립니다.